全要素生产率
测算手册

Handbook of Total Factor Productivity Measurement

何 平 ◎ 著

·北京·

图书在版编目（CIP）数据

全要素生产率测算手册 = Handbook of Total Factor Productivity Measurement / 何平著. —北京：科学技术文献出版社，2022.8
 ISBN 978-7-5189-8156-4

Ⅰ.①全… Ⅱ.①何… Ⅲ.①全要素生产率—手册 Ⅳ.① F014.2-62

中国版本图书馆 CIP 数据核字（2022）第 151277 号

全要素生产率测算手册

策划编辑：丁坤善 刘文文 责任编辑：张 丹 邱晓春 责任校对：王瑞瑞 责任出版：张志平

出 版 者	科学技术文献出版社
地　　址	北京市复兴路15号　邮编 100038
编 务 部	（010）58882938，58882087（传真）
发 行 部	（010）58882868，58882870（传真）
邮 购 部	（010）58882873
官方网址	www.stdp.com.cn
发 行 者	科学技术文献出版社发行　全国各地新华书店经销
印 刷 者	北京时尚印佳彩色印刷有限公司
版　　次	2022 年 8 月第 1 版　2022 年 8 月第 1 次印刷
开　　本	710×1000　1/16
字　　数	157千
印　　张	12.5
书　　号	ISBN 978-7-5189-8156-4
定　　价	68.00元

版权所有　违法必究

购买本社图书，凡字迹不清、缺页、倒页、脱页者，本社发行部负责调换

目 录

绪 论 （I）

第一章 生产率研究及发展 （1）

1.1 生产率及研究意义 （1）

1.2 国外生产率研究的发展 （2）

1.3 国内生产率研究的发展 （7）

第二章 生产率和科技进步 （18）

2.1 生产率释义 （18）

2.2 单要素生产率和全（多）要素生产率 （19）

2.3 综合要素与技术进步 （20）

2.4 技术进步和科技进步 （22）

2.5 有形技术变化和无形技术变化 （22）

2.6 生产率与科技投入 （24）

2.7 生产率与创新 （26）

2.8 生产率与要素投入 （26）

2.9 生产率与公共部门 （27）

第三章 生产函数与索洛方程 （29）

3.1 生产函数和生产率 （29）

3.2 规模报酬不变 （30）

3.3 中性技术进步 （31）

3.4 TFP 速度（科技进步速度） （32）

3.5 TFP 贡献（科技进步贡献） （34）

3.6 劳动生产率和资本深化 （35）

3.7 增长速度方程求解 （36）

    3.7.1 回归分析法 （37）

    3.7.2 比值法 （41）

    3.7.3 估值法 （44）

3.8 参数方法和非参数方法 （46）

3.9 TFP 速度和 TFP 贡献比较 （46）

3.10 TFP 的"度" （50）

    3.10.1 TFP 速度的"度" （50）

    3.10.2 TFP 贡献率的"度" （52）

3.11 不同"贡献"的结合应用 （53）

第四章 其他测算方法 （55）

4.1 KLESM 模型 （57）

4.2 加入无形资本变量的测算 （58）

    4.2.1 有形资本和无形资本 （58）

    4.2.2 引入 R&D 变量的测算 （60）

4.3 超越对数生产函数 （62）

4.4 随机前沿生产函数（SFA）（64）

4.4.1 技术变化、技术效率和生产可能性前沿（64）

4.4.2 随机前沿生产函数（66）

4.5 数据包络分析（69）

4.5.1 DEA-Malmquist 生产率指数（69）

4.5.2 技术效率和配置效率（70）

4.5.3 Malmquist 指数应用（72）

4.5.4 绿色生产率（74）

4.5.5 值得商榷的问题（75）

4.6 Törnqvist 指数（78）

4.6.1 Divisia 指数（79）

4.6.2 Törnqvist 指数（79）

4.6.3 Divisia 生产率指数和 Törnqvist 生产率指数（81）

4.6.4 产业生产率和总量生产率的关联（83）

4.6.5 基于总产出的 Törnqvist 指数（88）

第五章 数据搜集和选择（92）

5.1 反映经济产出的指标（93）

5.1.1 生产总值（GDP，增加值）（93）

5.1.2 反映总产出的指标（93）

5.2 劳动投入（94）

5.2.1 就业人员数（94）

5.2.2 劳动时间（工时数）（95）

5.2.3 劳动者报酬（95）

5.2.4 人力资本存量 （96）

5.3 资本投入 （97）

5.3.1 有关资本投入的讨论 （97）

5.3.2 资本形成总额和固定资本形成总额 （98）

5.3.3 固定资产投资和新增固定资产 （99）

5.3.4 资本服务量 （101）

5.3.5 折旧额 （102）

5.3.6 资产总计、固定资产合计、固定资产原（净）值 （102）

5.3.7 反映资本投入的实物量指标 （105）

5.4 资本存量 （105）

5.4.1 资本存量总额和资本存量净额 （105）

5.4.2 固定资本消耗 （105）

5.4.3 退役模式 （106）

5.4.4 年龄－效率函数 （106）

5.4.5 永续盘存法 （108）

5.4.6 折旧和折旧率 （109）

5.4.7 资本价格调整 （111）

5.4.8 基年资本存量 （112）

5.4.9 固定资本形成存量净额的评估 （113）

5.4.10 城市资本存量的测算 （116）

5.5 测算结果是检验数据合理性的最终标准 （117）

第六章 政府机构和国际组织有关研究 （121）

6.1 国内有关研究 （121）

目 录

6.2 美国劳工统计局有关研究 （126）

6.2.1 生产率数据库 （126）

6.2.2 劳动生产率 （127）

6.2.3 MFP （130）

6.2.4 与生产率相关的出版物 （135）

6.3 英国生产率研究 （136）

6.3.1 生产率数据库 （136）

6.3.2 劳动生产率 （137）

6.3.3 MFP （141）

6.3.4 与生产率相关的出版物 （147）

6.4 OECD生产率研究 （148）

6.4.1 OECD统计 （148）

6.4.2 OECD全球生产率论坛 （149）

6.4.3 OECD资料库 （149）

6.4.4 OECD在线图书馆 （149）

6.4.5 生产率指标的测算和比较 （150）

6.4.6 有关生产率的出版物 （156）

6.5 亚洲生产率组织（APO） （157）

6.5.1 组织成员和管理 （157）

6.5.2 生产率数据库 （159）

6.5.3 各经济体比较 （159）

6.5.4 中国生产率测算 （161）

6.5.5 APO的成功经验 （163）

v

6.6 世界 KLEMS 组织 （164）

  6.6.1 KLEMS 组织 （164）

  6.6.2 KLEMS 项目 （165）

6.7 世界银行生产率研究 （169）

  6.7.1 劳动生产率 （169）

  6.7.2 全要素生产率 （173）

6.8 其他国家有关生产率研究 （178）

后　记 （179）

参考文献 （180）

绪　论

生产率理论是现代经济增长理论的重要组成部分，是经济学对人类发展的重要贡献。自20世纪初开始，经济学家就对生产率及相关联的技术进步进行探索并逐步扩展和深化，取得许多重要成果。一些发达国家和国际组织定期发布有关生产率研究的报告，与生产率有关的系统数据成为监测经济运行的重要手段，成为分析经济增长源泉的重要工具。生产率可以敏感地反映经济社会发展进程中取得的成就和存在的问题，可以确切地考查技术变化或创新过程对经济增长的贡献，能够明确厘清各种要素对经济增长的贡献，识别经济是外延投入型增长还是内涵效率型增长、是可持续增长还是不可持续增长、是质量较高的增长还是质量不高的增长。由此可知，生产率无疑是制定和评估发展战略和发展政策的基础和重要依据，它已成为反映经济增长和制订发展规划不可或缺的指标。

改革开放之初，以世界银行考察团来国内考察为契机，带来了有关全要素生产率测算的理论和方法，扩展了国内学者的视野。从此，国内的研究不再仅限于劳动生产率，多种要素投入的产出效率逐步成为生产率研究的主题，并在20世纪80年代和90年代，乃至21世纪初多次掀起测算的热潮，经济学领域几乎所有的知名或较知名的学者都对此有所涉足，都或多或少参与过有关生产率的研究，发表过多如牛毛的论文和专著。我们常挂在口头上的许多词汇，如提高经济效益、经济发展方式转变、经济发展质量提升、走内涵式扩大再生产之路、高质量发展、技术进步、技术创新或科技创新等都与生产率密切关联。

但是，也应看到国内研究在现实的经济分析中并未起到应有的作用。国内经济自1949年至今，特别是改革开放以来，生产率发生了怎样的变化，在哪个阶段较高？在哪个阶段较低？与其他国家，特别是与发达国家比较处于何种水平？众多学者却是众说纷纭，莫衷一是，并且缺少持续的关注和研究，至今没有权威机构给出令人信服的答案。

笔者认为，造成上述状况的原因在于国内生产率研究存在两种偏向。

一是学术化、理论化和计量化。生产率及相关指标的理论模型看似简单，但涉及不同理论基础上产生的多种多样的解释。在测算过程中，对数据质量和数据整理方法也提出了较高的要求，对参数的估计面临着各种方法的选择，国内许多研究为了"创新"，不断在研究上向"高大上玄"的方向迈进。在"资本偏向"、"劳动偏向"、"内生性"、"外生性"、"规模不变"、"规模可变"及参数的各种分布和假设等许多貌似深奥的理论上纠缠不清；为追求"标新"随意引入各种各样的变量，将简单问题复杂化；从概念上或模型上过度评判，特别是数学模型和检验方法的滥用，将统计方法和规划方法混淆，使得生产率分析变成了做数学习题；在引入国外经济学各派学说时，或引入一些探索性成果时不加选择地照抄照搬套用在国内的实际应用中，并片面认为是研究新动向。

二是管理部门的政绩化和功利化。国内有关研究具有较强的"官方"特色，通常是以政府管理部门为"甲方"，研究机构或研究人员为"乙方"，采取课题的方式开展研究的。由于不同的政府管理部门对结果有不同的要求，有些要求高一些，有些要求低一些，促使研究人员采用不同的方法、不同的数据处理方法以得到"甲方"认可的结果。一旦项目结项，研究就不会再持续下去。这种一次性的研究只达到满足政府部门一次性需求的目的，过一段时间如再有需求，则又会再次立项，当然，"乙方"有可能不再是原来的"乙方"，即使是原来的"乙方"，采取的测算方法、测算数据也有可能与原来的完全不相关了。这种一次性的测算及测算结果缺乏可比性，如这次的结果和上次的结果可能完全不一样，以及各级政府部门提出的发展目标更是增加了测算的复杂性。因而，生产率也成为国内倍受争议的指标之一，应不应该测算和推广应用？应不应该成为规划目标？是近年来困扰有关部门的问题，这其实与政绩化对生产率测算及相关问题的影响相关。

实事求是为实证研究的基本原则，生产率研究和测算也理应如此，在此基础上才有可能对生产率及相关问题持有必要的认识和理解。切不可片面拔高其作用，不接受测算结果下降或波动而只能不断提升；无视要素投入的影响和重要作用，以及生产率波动对经济增长的预警作用。

笔者自 20 世纪 90 年代开始生产率研究、教学和测算，在教学中面对过形形色色的疑问，在测算中遇到过各式各样的问题，在研究中接触到许多"奇葩观点"，通过不断学习逐步形成了一些经验积累和数据积累。在 21 世纪初，笔者受中国科学技术指标研究会委托，经经济合作与发展组织（OECD）许可，主持翻译了 OECD 的《OECD 生产率测算手册》（*Measuring Productivity-OECD Manual*，以下简称《OECD 手册》），颇受启发，获益多多，感觉到生产率问题其实并不复杂，只不过是因为关注的领导、专家、学者较多，且各路领导、专家、学者来自不同专业和研究方向，各家的认知交汇在一起才变得复杂了。因而有了依据《OECD 手册》写个简明一些的手册，厘清各家之言，言简意赅地把基本原理和实际测算讲透彻的想法。

本手册力求达到以下效果：

贴近实际应用。政府管理机构实际应用与专家学者完成研究项目或发表论文的目的截然不同。前者不仅要求有理有据，自圆其说，还要做到方法、数据、过程、结论公开透明并得到普遍认可。《OECD 手册》指出，管理机构对生产率进行测算与从事生产率学术研究是应加以区别的。公信力对管理部门十分重要。这就要求测算达到一定的稳定性和连贯性，测算方法和测算过程的简明也是十分重要的。测算方法和测算过程越是简明，假设条件就越少，不能自圆其说之处就可能减少，也就越具有公信力。而这恰恰是管理机构定期发布和提供生产率资料所必要的。从一些发达国家和国际组织生产率研究的测算方法看，充分证明了这一点。其实，《OECD 手册》已经为我们提供了复杂问题简单化的研究示范，为我们展示了简捷实用且有效的研究思路和研究方法。

通俗易懂。力求把初学者遇到的困惑通俗简明地解释清楚。对于经济学科班出身的人而言，对生产率理论的理解或许不是难事，但对于许多没有系统学习过有关理论，恰恰又需要在工作中进行测算的实际工作者而言，对此则带有许多畏难和困惑，如科技进步和生产率之间，特别是全要素生产率是什么关系，科技进步贡献率是否越高越好，用什么统计指标来反映资本投入和劳动投入最为合适？为什么一些情况下对弹性系数有要求？什么是有形技术变化和无形技术变化？什么是技术效率？什么是中性技术进步？参数方法和非参数方法各有哪些优劣？全要素生产率和多要素生产率是否为一个"东西"？诸如高新技术产业的发展、战略性新兴产业的发展及产业结构的优化与生产率有哪些联系等，这些问题似乎简单，许多专业教科书或是忽略或是一带而过，但如果仔细解释一两句话又讲不清楚，本手册均给出了简明的解释。特别是厘清了各种方法的来源和理论基础，各种方法的优点和不足，甚至一些方法"外表华丽"下的"致命伤"，各种方法"混搭"出现的矛盾等。

数据可得。《OECD手册》给出生产率测算的基本思路的同时还指出这些基本思路的实现必须建立在数据可得或可接受数据成本的基础之上。生产率测算多需依靠政府统计数据，我国政府统计管理体制和统计制度虽然改革多年，也提出多种多样的改革目标，但相较发达国家的统计仍然是十分粗糙的，这就给测算带来一定的困难。此外，国内从事经济学理论研究的人往往对现实的统计数据不熟悉，一旦着手实际测算，会发现统计数据实在令人困惑。找不到合适的数据，要花大工夫推算估算，不知如何下手整理数据，只能是"八仙过海，各显神通"，测算结果自然也是五花八门。笔者年轻时曾从事教学工作，在课堂上讲起生产率也是侃侃而谈，可参与到有关部门的实际测算后也常常被诸多数据问题困惑，只能在测算过程中不断摸索寻找解决方案。本手册在讨论测算数据时是基于现时的政府统计出版物，并针对不同测算对象给出相适应的数据来源和数据整理方法。

本书内容分为六章。第一章阐述了生产率的意义，国外和国内生产率研究的历程。这部分内容是按一般书籍的套路安排的，是为有一定生产率知识的读者准备的。如果是初次接触生产率的读者，建议先不要看这部分内容，直接进入第二章的学习。

第二章和第三章都是对生产率理论有关的基本概念进行诠释。第二章讨论的是生产率和科技进步，明确这两者之间的关系十分必要。第三章讨论的是生产函数与索洛方程。这两章内容联系较为密切，但分开更便于初学者理解。这两部分内容对于之后的学习十分重要，建议能够较透彻地了解这些知识。

第四章和第五章讨论的是与测算有关的知识。在第四章讨论各种方法时，既明确指出其特点，也绝不避讳其存在的问题，而且多数是笔者多年的体会。第五章重点讨论测算数据的问题，这可以说是本手册的特色之一。数据整理是经济分析的一门重要知识和技能，可往往又是最容易让初学者忽略的，从而被许多看似相同但实质不同的数据所误导。

第六章介绍了一些发达国家和国际组织有关生产率研究的内容和进展。这部分内容对生产率研究者是不可或缺的，因为国内的生产率研究毕竟还处于模仿和借鉴阶段，关注新知识新动向并获取参照系是任何研究所需要的。

本手册内容多来源于近年来实际测算经验的积累。经验与理论有着相当的距离，但经验对于实践者而言更实用、更贴切、更利于解决实际问题。当然，有些经验虽然实用，但很难讲清其内在逻辑。不过，对于生产率研究和测算而言，正如《OECD 手册》指出的："只要能够给出生产率测算的合理解释，就可以采用不完全符合理论标准的工具，这就为解决方法选择问题提供了一条很好的思路。"

本手册在编写过程中得到许多朋友的参与和帮助，在此一并表示感谢！由于笔者水平的局限，也恳请读者提出宝贵意见。

何平

2022 年 6 月

第一章 生产率研究及发展

在人类社会发展过程中,生产率起着十分重要的作用。自 20 世纪中后期开始,随着新一轮科技革命的兴起,科学技术的应用促进了生产率的提升,生产率与经济社会发展的关系越来越密切,为经济社会快速、持续、稳定发展带来了强劲动力。

1.1 生产率及研究意义

生产率是宏观经济学的重要概念,是分析经济增长源泉的重要工具。生产率体现了生产过程中投入与产出的关系,提高生产率则是促进经济快速发展的最优途径。无论是国家、地区还是企业,生产的最优途径无疑都是改进人、财及物力投入的有效性。一方面尽可能使生产资源得到节约;另一方面尽可能使产出向最大可能规模逼近,生产率的提高具有少投资或不投资就能大幅度提高经济产出的特点,意味着资源利用效率的改进。

生产率的提升是衡量经济发展质量的重要标志。随着经济规模的扩张和经济增长的积累,以粗放经营为主的增长方式带来的高投入、高消耗和低产出、低效益的矛盾愈显突出。这就客观上要求发展方式由原来的外延式增长转向主要通过具有高效率资源配置,提高经济效益而实现内涵式的增长,这种转变的标志就是生产率的提高。生产率可以通过提高在经济增长中贡献份额来实现经济增长的集约化。可以这样说，提高生产率既是经济增长的引擎，还是经济发展方式优劣的显示器。

生产率的提升也是衡量科技创新效果的重要标志。科学技术的应用能够直接提升生产要素或资源的利用效率，可以使未预见利用价值的自然物成为现实的宝贵资源，科学技术的应用可以使同样的资源投入形成更多的产出，可以使生产可能性从原有的低利用率提高到较高的利用率，为人类突破资源供给的限制带来希望。

正是由于上述不可替代的作用，研究生产率才具有重要的意义。经济学的核心思想和基本理论归根结底都是围绕生产率展开的，边际成本、边际产出、经济发展方式、经济增长质量、高质量发展，都与生产率理论有着极为密切的联系。生产率研究可以明确告诉我们各种投入要素对经济增长的贡献、识别经济是投入型增长还是效率型增长、判断经济增长是可持续还是不可持续，还是制订长期可持续增长政策的重要依据。

1.2　国外生产率研究的发展[①]

生产率研究是在第二次世界大战后经济增长理论及生产理论的框架下衍生并逐步形成的经济学重要分支。20世纪20年代，Cobb和Douglas首先提出总量生产函数概念，即柯布-道格拉斯生产函数（简称C-D生产函数）。1942年，第一届诺贝尔经济学奖获得者之一，荷兰经济学家Tinbergen[②]（1942）在C-D生产函数中添加了一个时间趋势，表示"效率"的水平，但是Tinbergen的著作一直

---

① 以下内容参考了大量的研究文献。在这些研究文献中，对全要素生产率（TFP）的称谓有所不同，如简称"生产率"，或称"多要素生产率（MFP）"，本书为了尊重原有研究文献的选择，尽可能与原有研究文献保持一致。
② 在这篇文章中，他提出了4个国家、时间跨度为40年的全要素生产率估计，但是这篇文章长期被忽略。见JOHN K, VACCARA B N. New developments in productivity measurement and analysis, studies in income and wealth [M]. Chicago: University of Chicago Press, 1980.

到 50 年代中期才引起人们的注意。1947 年，JosephStigler 首次提出了 MFP 问题，并测算了美国制造业的 MFP。

20 世纪 50 年代，诺贝尔经济学奖获得者 Solow（1957）依据规模报酬不变的总量生产函数提出增长速度方程，并阐述了经济学界时至今日仍然通行的生产率含义。Solow 以新古典增长理论为基础，把总产出看作资本、劳动 2 个投入要素的函数，从产出增长中扣除资本、劳动带来的增长后，所得到的未被解释的"余值"部分归因于生产率增长的结果，并将全要素生产率称为广义技术进步，这些未被解释的部分后来被解释为"增长余值"（或"索洛余值"）。后人将此种测算生产率的方法称为索洛余值法。Solow 通过测算认为，美国 1909—1949 年的经济增长 80% 左右归功于生产率的增长。索洛余值法通过一些前提假设将复杂的经济问题简单化，假定市场条件为完全竞争市场，技术进步是无形变化的、希克斯中性技术进步，资本和劳动等生产要素在任何时候都可以得到充分利用等。在这些前提假设下达成了"索洛余值法"应用的有效性，成为迄今公认的生产率测算的基本规则。

Denison（1967）认为 Solow 在测算美国生产率时将资本和劳动投入 2 种要素看作同质的，才得到较高的 MFP[①]。应该考虑对投入要素进行更加详细的分类，加权合成总投入指数。然后仍用索洛余值法测算出 1929—1948 年美国 MFP 增长率对国民收入增长的贡献为 54.9%，明显低于 Solow 的测算。

Jorgenson（1967）认为既往研究 MFP 都存在偏高的现象，原因在于投入要素的计量误差低估了投入要素对经济增长的贡献。他认为 Denison 混淆了折旧与重置，在处理折旧和资本重置时使用的方法不一致。他提出将劳动和资本投入进行交叉分类，引入资本租赁价格的概念，以劳动报酬和资本租赁价格作为劳动与资本投入的权数，并认为资本服务量是测量资本投入最合适的变量。他将美国 1948—1979 年 MFP 增长对经济增长的贡献缩减到 23.6%，低于资本和劳动

---

① 应注意这是发达国家迄今采取的一贯做法，即对要素投入分类加权。

的贡献。从经验上判断这一结果似乎优于 Solow 的结果。经济合作与发展组织（2001）的《OECD 手册》所采用的增长核算方法中，有关要素投入的处理方法就是应用了 Jorgenson 的研究思路。

20 世纪 80 年代，Jorgenson 采用超越对数函数在产业和总量 2 个层次上尝试度量生产率。在产业层次上，以生产者均衡为具体测算的假设条件，并以产业增加值、中间投入、资本投入、劳动投入及时间因素为基础构造了产业超越对数生产函数，测得各产业生产率的增长。在总量层次上，假设所有产业的生产者均衡，建立起总量生产率与产业生产率之间的联系。

传统的生产函数假定生产在技术上是充分有效的，从而从产出增长率中扣除要素投入影响的部分后的 MFP 增长全部归为技术进步的结果。然而，Farrell（1957）认为该假设仅在完全竞争市场中才能满足，在实际生产中并不成立，因为现实经济中大部分生产者不可能达到投入产出关系的技术边界，经济增长分别来源于投入要素增长、技术进步（技术变化）和技术效率提高。基于这一思想，Aigner 等（1977）提出了随机前沿分析（Stochastic Frontier Analysis，SFA）方法，通过建立随机前沿生产函数，即在普通生产函数表达式的随机误差项部分引入了一个非负随机变量，设想把 MFP 增长率分解为技术进步和技术效率 2 个部分。此方法看起来似乎比传统的生产函数法更接近经济增长的实际情况，能够将影响 MFP 的技术因素从 MFP 的变化率中分离出来，从而更加深入地研究经济增长的来源。利用随机前沿生产函数方法，Schmich（1980，1986）、Kumbhakar（1988，1990）、Bauer（1990）、Kalirajan（1993）、Battese 等（1988，1992，1995）等对技术效率对 MFP 和产出的影响进行了大量的实证研究，使理论和方法日渐充实和完善。

虽然随机前沿分析放宽了"生产者行为有效"的前提假设，表面上看用该方法测算 MFP 增长率似乎更合理。但是，该模型也有不足之处：一是目前许多研究只是假设技术效率项和随机误差项服从某种分布，而无法识别其真正的分布形式，从而使测算建立在一连串假设的基础之上，无疑会影响到测算结果，或使测算结果取决于人为因素；二是关于最大可能性边界的确定没有系统的理论，无论用何种方法估算最大产出，都会存在估算误差；三是该模型不能测算单独经济体的生产率，只适用于截面数据或面板数据。即使如此，由于不同经济体间可比性的问题，据此确定的最大可能产出也不见得就是其他经济体的最大可能产出。随机前沿生产函数的理论似乎解决了传统增长速度方程存在的不足之处（由于假设前提条件带来的），但是却无法解决实践中出现的更为难解的问题。

　　与Solow等基于增长核算方法有所区别，一部分学者另辟蹊径，使用其他方法来测算生产率。Sten Malmquist（1953）发表有关距离函数的文章，开创了Malmquist指数的研究。Farrell（1957）使用线性规划模型，通过获得投入空间凸边界，进而测定出了生产前沿函数及相应的技术效率，这也就是最初的确定性前沿模型。为有效完善确定性前沿模型的不足。Charnes、Cooper与Rhodes（1978，1981）将Farre的模型延伸为多投入多产出的CCR模型，然后将其命名为数据包络分析（Data Envelopment Analysis，DEA）。DEA一开始的设计理念是通过数学规划模型去对比决策单元间的效率情况，由于不用设置生产函数，也不用设定量纲等优点被人们普遍使用。Caves等（1982）第一次建立了Malmquist-MFP指数，因为存在计算量过大等缺点，其普及性并不高。一直到1994年，Rolf Fare等建立了基于Malmquist-MFP指数的线性规划算法，并将生产率的变化划分为技术变化和效率变化，奠定了Malmquist-MFP指数研究体系的基础。Coelli（1998）又在此基础上将MFP增长率分解为3个来源：技术效率变化、技术变化和规模效率变化。Leopold等（1999）在Malmquist-MFP指数的研究中引入了置信区间的概念，分析样本大小与技术效率、技术进步可信度之间的关系。此后，Malmquist-MFP指数方法开始被大量使用，特别是近年来已成为生产率学术研究中所使用的主要手段，尤其在环境、农业、医疗等领域被广泛使用，但迄今却未见其在政府机构发布生产率信息时的应用。

　　Divisia指数和Törnqvist指数的应用无疑开拓了生产率研究和测算的另一条

重要途径。Divisia（1926）提出了用他的名字命名的指数——Divisia 指数。由于 Divisia 指数的前提假设是生产函数在时间上连续的，然而实际生活中不存在连续的生产函数，于是通常用 Törnqvist 指数作为 Divisia 指数的离散近似。Spencer Star 等（1976）由 Divisia 指数推出了 Divisia 生产率指数，并由此得到了 Törnqvist 生产率指数。此后，OECD《OECD 手册》提倡运用 Törnqvist 生产率指数从产业层次与总量相联系测算生产率。

《OECD 手册》的研制出版，无疑是生产率理论与实践发展进程中重要的里程碑之一。长久以来经济学家致力于生产率测算的研究，美国、澳大利亚等国家还建立了专门的生产率研究中心，但其主要功能多为研究如何提高一国或一地区的生产率水平，并未将生产率测算的方法论研究列为重点。直到 20 世纪末，生产率测算并没有系统成熟且为大多数专家认可的理论体系，几乎所有经济学家和研究机构都是通过将生产理论、产业组织理论、经济周期理论、创新理论等相结合，设定大量约束条件，采用经济计量学方法完成生产率测算。20 世纪末和 21 世纪初，OECD 组织各国学者在总结以往研究测算的基础上，于 2002 年出版了《OECD 手册》[①]（Measuring Productivity-OECD Manual），为生产率研究提供了理论指南和测算规则。

《OECD 手册》厘清了技术进步和生产率之间的关系。生产率分析中的技术进步指的是广义技术进步，生产率的增长不一定完全由技术进步所引起，技术进步也并不能完全转化为生产率的增长，生产率只反映了无形技术变化的影响，而不包含有形技术变化的影响，也就是说它并不包括资本投入或中间投入在设计和品质上的改进。

《OECD 手册》指出，从事生产率学术研究的方法与统计机构对生产率进行测算的方法是应加以区别的。生产率测算方法可划分为参数方法（经济计量方法）和非参数方法，后者才是定期测度生产率的推荐方法。而相比于非参数方

---

① 此书经 OECD 授权于 2008 年由科学技术文献出版社出版，译者为何锦义，刘晓静。

法，经济计量方法主要是学术研究者更为常用的工具。而非参数方法得到的结果具有一定的稳定性和连贯性，而这恰恰是统计机构等定期发布和提供生产率资料所必要的。计量经济学方法增加了问题的复杂性，如更新数据时需要对参数重新估计，模型需要大量数据则会降低结果的即时性，特别是常常会出现令人质疑的结果。因此，《OECD手册》侧重于生产率测算的非参数方法，这种在生产率测算实践中简化的测算方法面对的主要使用者是定期提供生产率序列的统计机构。

《OECD手册》提供了复杂问题简单化的研究示范。近年来，学术界存在简单问题复杂化的倾向。特别是数学模型和检验方法的滥用，使得生产率分析几乎变成了做数学习题。而《OECD手册》通过经济理论与指数理论二者的结合，为我们展示了一种简捷实用且有效的研究思路和研究方法，特别值得注意的是，《OECD手册》给出生产率测算的基本思路的同时还指出，这些基本思路的实现必须建立在数据可得性或可接受的数据成本的基础之上。因此，只要能够给出生产率测算的合理解释，完全可以采用不完全符合理论标准的工具。这就为现实测算提供了很好的思路。

1.3 国内生产率研究的发展

国内的生产率研究以改革开放为线，划分为两个时段。

改革开放前的30年左右，国内学者依据马克思主义政治经济学原理，认为只有物质生产领域的劳动者才创造价值，因而只测算劳动生产率，并且相对于全员劳动生产率，特别重视对工人劳动生产率的测算。

改革开放后，以世界银行考察团来国内考察为契机，我国学者对全要素生产率产生了浓厚的兴趣。一个有趣的现象是，国内著名经济学家都无一例外研究过全要素生产率对经济增长的贡献率，并且更习惯用更为"响亮"的名称——技术进步贡献率或科技进步贡献率。

史清琪（1984）基于索洛余值法，选择总产值或净产值①（或国民收入）计算产出增长速度，选择固定资产原值和定额流动资金年平均余额之和计算资本投入增长速度，用劳动者人数测算劳动投入的增长速度，以 0.2 与 0.8 分别为资本和劳动的产出弹性，测算了我国 1952—1981 年全民所有制工业的年均技术进步速度（3.1%）及技术进步对产值增长的贡献（28.4%）。这一时期的平均资本投入增长速度（12.0%）与平均劳动投入增长速度（6.8%）均高于技术进步速度，说明在计划经济时期我国全民所有制工业企业产值的增长主要依靠的是外延式扩大再生产。但即使如此，史清琪的测算结果也大大高于世界银行的结果，其原因是史的资本投入弹性系数只有 0.2，明显削弱了改革开放前国内经济增长严重依赖基本建设投资的事实。但无论如何这是我国学者第一次较系统地借鉴国外理论和方法，完成的对国内全要素生产率的测算。

史清琪等（1986）针对世界银行考察团测算我国工业生产率水平偏低的结果提出了质疑。他在评价世界银行的报告中指出，资本装备率（即资本/劳动比率）的增长快于劳动生产率的增长并不必然意味着生产率没有增长，除非资本的产出弹性等于 1，否则全要素生产率应该有增长②，并且中国工业的资本产出弹性不大可能接近 1，而是在 0.2~0.3。由此得出中国工业部门在 1964—1982 年的全要素生产率平均增长率为 1.82%，在产出增长中的贡献为 20% 左右。陈时中等（1986）也得到类似的结论，1976—1982 年，中国工业企业的全要素生产率平均每年增长 2.33%，在产出增长中的贡献份额为 23.8%。

我国学者在研究初期，编译了大量国外有关生产率研究的著作，如 1985 年高宏德翻译了埃朗等所著的《工业企业生产率指标体系：实用分析》，1989 年李京文翻译了乔根森等所著的《生产率与美国经济增长》，书中详述了在产业层次上构造详细的投入与产出数据的来源和方法，论述了通过综合各个产业的增长来

---

① 总产值是指一国或一地区在一定时期物质生产部门（工、农、建、为生产服务的交通和邮电、批发、零售、餐饮）产出的总成果，净产值是指一国或一地区在一定时期物质生产部门产出的最终成果，即总产出扣除中间消耗和折旧。

② 这一论点过于牵强，是建立在主观认定资本弹性系数必然大大低于劳动弹性系数的前提下的判断。

分析美国整个经济增长的问题。2001年李京文又翻译了乔根森所著的《生产率：经济增长的国际比较》《生产率：战后美国经济增长》。详细介绍了全要素生产率与经济增长的关系、全要素生产率变化的解释、人力资本与非人力资本的积累、日本宏观经济绩效的测算、日本与美国的全要素生产率和经济增长比较等。郑绍濂等（1986）介绍了国外不同的生产率指数的定义，如算术指数、Divisia指数等。然后结合我国具体情况，提出新的全要素生产率定义，并从理论与实践两个方面进行了研究。

何振才（1987）认为技术进步的最终作用主要表现在集约化程度和劳动生产率的提高上。同时，经济的发展有赖于劳动投入、资金投入和科学技术进步的共同作用。因此，无论用劳动生产率和资金产值率（资本生产率）的提高来表达技术进步，还是以生产函数为工具，从产出增长率中扣除劳动和资金增长所做的贡献，将余值视为技术进步的作用都是可行的。他用"投入要素生产效率的算术平均值"代表"全要素生产率—综合技术水平"的新模式，通过推导和生产函数理论的检验，建立了上述两种表现技术进步方法的桥梁，来定量估算技术进步对经济增长的作用，并根据技术进步对生产投入要素所起的作用不同，分为体现型（有型技术变化）和非体现型（无型技术变化）。何振才的这一思路明确了生产率本来应有的表达，对国内生产率研究具有重要意义。国内学者早期研究的困扰主要在于统计数据的搜集和统计数据的质量，许多研究者对此进行了讨论，并提供了多种多样的统计数据搜集和整理的思路。

陈宽等（1988）对既有研究存在的问题做了评论：①产出与投入的数据口径不一致，早期研究使用全部国有工业企业产出数据，但只使用独立核算的国有工业企业投入数据；②用固定资产原值估算资本存量会夸大固定资本存量的增长率；③中国的资本和劳动数据中有大量非生产性成分；④资本产出弹性取值带有随意性。在考虑到以上问题的基础上，陈宽整理了1953—1985年的数据，并用超越对数生产函数估计弹性系数，测算出国有企业的全要素生产率为1.9%~2.8%。在1957—1978年与1978—1985年2个阶段的产出增长速度基本相同，但全要素生产率却有较大差别。后一阶段明显高于前一阶段，这意味着中国的经济改革对国有企业的效率有显著的改善效应。

谢千里等（1992）在对中国工业生产率研究时，投入中不仅包括资本和劳动，还包括中间产品，即使用了产出为总产值而不是净产值的"三要素"生产函数。研究表明：我国国有企业在1980—1987年效率得到了显著改善，全要素生产率为2.4%，集体企业全要素生产率达4.6%。

胡永泰等（1994）对1984—1988年300家大中型企业的研究发现，国有企业在1984—1988年生产率增长率至多为零，虽然也证实了谢千里等关于集体企业的生产率增长率比国有企业更高的结论，但是认为：①陈宽等在剔除工业部门的非生产性投入时有"矫枉过正"的嫌疑，对于完全剔除非生产性投入的做法值得商榷；②谢千里等由于高估了中间投入的价格，由此得出国有企业的生产率增长率为正。

针对胡永泰等的批评，谢千里等（1995）做了回应，认为自己的研究并没有高估国有企业实际产出数据和低估中间投入实际值，相反他们认为乡镇企业的产出数据有可能被高估。

李京文（1992）运用超越对数生产函数，从总量层次（1953—1990年）和产业层次（1981—1987年）测算了生产率，并分析了我国经济增长的原因。研究表明：①从总量层次看，中国经济增长主要是依靠要素投入，生产率对经济增长的贡献率仅占5.46%。我国经济长时期走的是高投入道路；②从产业层次看，各产业生产率对产业经济增长的贡献差异较大，其中机械加工产业的生产率贡献作用最大，而冶金、化工等原材料产业生产率贡献较小。

20世纪90年代，李京文课题组曾与乔根森合作，测算并比较了中、日、美三国的生产率。姚耀军（2010）也利用超越对数生产函数测算了我国1983—2007年的全要素生产率。

张军和施少华（2003）认为生产函数会随着时间的推移而变化，因此在C-D生产函数中加入时间变量来测算弹性系数，并在模型中加入虚拟变量来反映改革开放对中国经济的影响，通过回归得到全要素生产率。研究表明，在改革开放前，我国的生产率波动很大，1978年的生产率与1952年相比不仅没有增长，反而有所退步，这实际上印证了当年世界银行考察团的结论。但在改革开放后，我国的生产率有了明显提高。

刘元春等（2003）运用时间参数法计算了中国1978—2000年的工业MFP，并在此基础上分别测算了国有工业MFP和集体工业MFP的增长率，结果表明国有工业MFP和集体工业MFP的增长率在20世纪90年代中期持续下降。

李京文等（2007）发展了生产率的新概念。全要素生产率增长率一般的解释是"外生性"的，但应该对其进行"内生化"解释。将产出增长进行"内生化"分解，重新解释了产出的增长源，由此建立了纯要素生产率增长率，以代替一般意义上的全要素生产率增长率。在进行实证分析时，只需要满足生产函数的一般条件和成本最小化，就可以保证理论前提的正确性，并对总量层次的全要素生产率进行了计算。

20世纪90年代，随着改革开放的深化，国外研究经验和研究方法迅速引入国内，随机前沿分析和数据包络分析也很快为国内学者所了解并在实践中得到广泛应用的方法。

郑玉歆等（1995）较早地使用随机前沿分析方法研究中国工业生产率，利用抽样数据测算了企业的技术效率、技术进步及生产率的变化情况，并按不同城市、部门及企业的所有制形式进行分类比较分析。

孔翔等（1999）采用Battese和Coelli（1995）提出对数形式的、采用面板数据的随机前沿分析方法测算了我国建材、化工、机械和纺织4个行业1990—1994年的生产率变化率，发现4个行业中的3个没有发生技术变化，只有机械行业发生了一定的技术变化。

涂正革等（2005）用随机前沿分析方法，研究了1995—2002年37个工业大类行业的生产率增长趋势，发现大中型工业生产率呈现逐年上升的趋势，其中前沿技术进步是生产率增长的最主要动力，而企业的配置效率和规模经济变化的贡献都比较小。

杨青青等（2009）运用随机前沿分析方法，研究了1993—2007年我国服务业生产率的变化。他们认为我国服务业前沿技术水平在1993—2007年以年均3.2%的速度增长，而技术效率则逐年下降，平均下降速度为2%。

随机前沿分析方法在区域经济分析中具有明显优势，吴敬琏（1999，2000）对1981—1995年中国地区增长的研究发现，中国的前沿技术变化呈现J曲线效应，即在改革开放初期下降而后不断上升，同时各地区技术效率的变化表明地区间存在收敛趋势，但20世纪90年代中期以后前沿技术进步和收敛趋势都开始减缓。

何枫（2004）测算了改革开放以来我国各地区的技术效率变化，结果表明全国技术效率呈现稳步上升趋势，但地区间差异较大，东部沿海地区分别比中、西部地区高15%、33%。

岳书敬等（2005）采用超越对数生产函数随机前沿模型，分析了全国各地区以及六大区域1992—2003年的经济运行状况，表明前沿技术进步是促进生产率增长的主要因素，但是各省区间技术效率差距在扩大，同时全国前沿技术进步的幅度有轻微的下降，从而使生产率增长具有一定的收敛性。

傅晓霞等（2006）测算了1978—2004年中国各地区的生产率增长率，表明生产率在经济增长中的贡献份额超过30%，并且1990年之前生产率提高主要来自于技术效率的改善，之后前沿技术进步十分显著。

进入21世纪以来，应用Malmquist指数对生产率进行分解更是引起了国内学者的广泛兴趣。孟令杰等（2001）应用Malmquist指数研究了1997—1998年我国农业生产率的变化。宫俊涛等（2008）基于1987—2005年中国制造业投入产出的分省面板数据，运用Malmquist指数考查了我国各地区制造业生产率的增长来源、差异与变化趋势。杨俊等（2009）考虑了环境因素的Malmquist-Luenberger生产率指数，采用1998—2007年我国工业投入与产出的分省面板数据，估计了我国各省市工业生产率增长及其构成的变化情况。

此外，一些学者基于省际数据运用 Malmquist 指数对我国各省份生产率进行了测算，如颜鹏飞等（2004）、郑京海等（2005）、赵伟等（2005）与郭庆旺等（2005）。其中，颜鹏飞等（2004）还对人力资本和制度因素同技术效率、技术进步和生产率增长的关系进行了实证检验。

章祥荪等（2008）全面深入地介绍了对 Malmquist 指数各种分解的分歧和争论，并指出国内已有研究在指数分解方面存在的不足。在此基础上，对我国 1979—2005 年生产率变动及其分解进行了分析。研究表明：改革开放以来，由于效率变化和技术变化，我国生产率得到很大改进。但在 1997 年以后，由于技术效率下降，生产率出现下降趋势。

邵军等（2010）测算了 1999—2006 年我国城市生产率增长、效率变化与技术变化。研究表明，自 20 世纪 90 年代末，我国城市生产率增长率持续下降，主要归因于技术水平下降，但同期城市技术效率却有较为显著的改进。刘秉镰等（2009）分析了我国 196 个主要城市在 1990—2006 年城市生产率的动态变化。研究表明，1990—2006 年城市生产率增长了 2.8%。主要来源是技术改进，而技术效率变化起着拖累作用。

聂鹏等（2013）估计了我国 30 个省份 1978—2009 年的生产率变化，并考查了我国经济增长的动力和质量。研究表明，从长期来讲如果不存在技术进步，仅仅依靠资源、能源、劳动等要素投入的增长模式是难以持续的。

Malmquist 指数不需要估计参数，且可以进行多投入多产出的测算，这对于生产率研究的进一步拓展提供了可行的方法。许多研究者将多种投入加入生产率研究中，如将环境因素加入的绿色生产率研究形成生产率研究的一个重要的研究方向。环境因素既可以视为独立于劳动投入和资本投入之外的"投入"，也可以独立于一般产出之外作为"坏产出"，两者从理论上均可自圆其说，也都得到广泛应用。近年来，应用该指数及该指数改进型进行各种各样研究的成果可以用"多如牛毛"来形容，特别是高校师生对这一方法产生极为浓厚的兴趣，为大量毕业论文和学术研究所采用。笔者对国内主要的经济学期刊进行检索发现，平均每期至少有一篇该指数应用的论文，且生产率研究已经被该指数的应用"垄断"。这不能不说是与 Malmquist 指数约束条件少，无论添加何种投入变量和产出变量，输出结果均位于合理区间，且貌似"复杂高深"实则应用简单的特点有关。

但也正是由于 Malmquist 指数应用上的宽泛性，也带来诸多疑问，如果深入讨论就会发现该指数并非"靠谱"的测算工具，一次性应用可以，再次应用很可能就会完全推翻前一次应用的结论。

与 Malmquist 指数类似，近年来 Törnqvist 生产率指数逐步引起人们的注意。何锦义课题组（2013）参照《OECD 手册》，运用 Törnqvist 指数在国内第一次通过"各地区各行业生产率—各地区总量生产率—全国总量生产率"和"各地区各行业生产率—全国各行业生产率—全国总量生产率"两条路径完成了产业层次或区域层次到总量层次生产率的关联测算。研究结果表明，2007—2011 年全国总量生产率变化不大；第二产业生产率有所提升，但第一产业和第三产业生产率有所下降；在第二产业中，制造业行业生产率普遍有所提升，在第三产业中，金融业，信息传输、计算机服务和软件业等行业生产率领先于其他行业（表 1–1）。

表 1–1 部分研究者及结论

研究者	时间跨度	方法	研究对象	特点	结论：生产率增长速度（贡献率）（%）
史清琪	1852—1984	索洛余值法	全民所有制工业企业	建立技术水平指数，并预测未来年份的技术进步速度	3.1（28.4）
邹至庄	1952—1981	索洛余值法	国有工业企业	用中国工业企业的投入品与产出品价格作为平减指数，估计中国工业企业的"真实"投入和产出	≤ 0
史清琪	1964—1982	索洛余值法	工业部门	对世界银行的测算提出质疑	1.82（20）

第一章 生产率研究及发展

续表

研究者	时间跨度	方法	研究对象	特　点	结论：生产率增长速度（贡献率）
陈宽等	1953—1985	索洛余值法	国有企业	指出早期研究的缺陷，并加以纠正	1953—1985：1.9~2.8（1857—1978：0.4~1.4 1978—1985：4.8~5.9）
谢千里	1980—1987	索洛余值法	国有企业	产出为总产值的三要素生产函数（包括中间投入），放松规模报酬不变的假定	1980—1978：2.4 其中集体企业达到4.6
郭克莎	1953—1988	索洛余值法	国营工业	—	0.04~0.91（0.4~8.8）
张军扩	1953—1989	索洛余值法	国有企业	根据我国的实际情况对各个指标进行适当的调整	0.65（9.63）
李京文等	1953—1990	超越对数函数	全国	从总量角度分析我国经济增长的原因和从产业部门层次分析我国35个产业部门产出增长的原因	总量层次：0.37（5.46）
支道隆	1978—1994	索洛余值法	全国	—	3.2（32.3）
姜均露	1853—1995	索洛余值法	全国	—	（46.0）
沈坤荣	1953—1997	索洛余值法	全国	运用增长速度方程对中国增长源泉进行分解，从中透视中国经济增长的基本特征，并就我国经济增长的制度创新因素进行经济计量检验	1.8（23.4）
张军等	1953—1998	索洛余值法（带有时间参数）	全国	在生产函数中加入时间变量	1953—1998：1.1（13.9） 1953—1978：-0.24（-3.9）1979—1998：2.8（28.9）
李京文等	1953—1995	索洛余值法	全国	重新解释了产出增长源，将生产率增长进行了内生化，并定义了纯要素生产率来代替生产率	1.01（13.27）

续表

研究者	时间跨度	方法	研究对象	特 点	结论：生产率增长速度（贡献率）		
郭庆旺	1979—2004	索洛余值法	全 国	分析比较了4种估算生产率的方法，并分析了我国生产率增长和经济增长的源泉	0.89（9.46）		
徐瑛	1987—2003	改进的索洛余值法	全 国	分析了索洛余值法的缺陷，以新增长理论为理论背景，结合中国经济发展的现实，将产业结构变动、资本空间集聚、人力资本积累等因素引入技术进步贡献率的计量模型	1987—1992：（29.84） 1993—1999：（23.79） 2000—2003：（24.56）		
郑玉歆	1980—1992	随机前沿生产函数	广州、深圳、厦门、上海的棉纺、服装和家用电器行业	较早地运用了随机前沿生产函数，并按不同的城市、部门货物企业的所有制形式的分类进行比较分析	行业	1985	1992
					服装	1.00	1.57
					棉纺	1.00	0.73
					家电	1.00	1.67
孔翔	1960—1994	随机前沿生产函数	建材、化工、机械、纺织	运用Battese和Coelli提出的具有转移对数形式的、可采用时序加截面数据的随机边界生产函数	建材：-0.01 化工：-0.03 机械：-0.02 纺织：-0.04		
岳书敬	1992—2003	超越对数生产函数的随机前沿模型	全国31个省（自治区、直辖市）	运用考虑无效率项的非中性技术进步随机前沿模型	全国：7.47		
何枫	1981—2000	对数型柯布-道格拉斯生产函数的SFA模型	全国29个省（自治区、直辖市）	运用随机前沿生产函数方法分析区域经济增长	全国平均技术效率： 1981—1985：0.64 1986—1990：0.66 1991—1995：0.69 1996—2000：0.74 整体来看我国平均技术效率水平在逐步上升，并且东部地区明显高于中、西部		

续表

研究者	时间跨度	方法	研究对象	特　点	结论：生产率增长速度（贡献率）
涂正革	1995—2002	随机前沿生产模型	我国大中型工业企业中37个两位数工业行业	将生产率增长分解为：前沿技术进步、相对前沿技术效率的变化、配置效率及规模经济	生产率的行业加权年均速度为7.8%，并逐年上升。前沿技术进步使得企业生产率平均每年提高14个百分点；企业相对前沿技术效率差距的拉大使得生产率平均每年下降7个百分点；规模不经济导致生产率平均每年下降0.33个百分点；资源配置效率的提高促使生产率平均每年提高0.02个百分点
孟令杰	1997—1998	Malmquist生产率指数	全国各地区的农业部门	详细介绍Malmquist生产率指数	农业生产率总体水平提高了4%，大多数省份农业生产率有明显提高
章祥荪	1979—2005	Malmquist生产率指数	全国	全面深入地介绍了对Malmquist指数进行分解时的分歧和争论，并指出现有研究的不足	1.02（16.57）其中生产率的进步主要得益于技术进步（1.48）和技术效率改进（1.31），而规模报酬递减对生产率造成了不利的影响（−1.16）
杨俊	1998—2007	Malmquist-Luenberger生产率指数	工业部门	考虑环境因素情况下的生产率增长及其分解	1.01（48）
刘秉镰	1990—2006	DEA-Malmquist指数	196个主要城市	—	1.03 主要来源是技术进步，技术效率变化起着拖累作用
肖林兴	1978—2004	DEA-Malmquist指数	各省（自治区、直辖市）	估算DEA-Malmquist方法与索洛余值法的偏差	1.2

第二章 生产率和科技进步

讨论生产率必然涉及科技进步,讨论科技进步必然涉及生产率,两者关系十分密切,有些学者甚至认为科技进步就是生产率,但谁都知道它们是两个不同的概念,仅从语言逻辑上两者就有差别,科技进步属于模糊概念,而生产率则有清楚的内涵和外延。在经济学理论上两者虽有部分重合,但差别还是很明显的。要讲清楚生产率,最好是从辨别与科技进步的区别和联系开始。

2.1 生产率释义

生产率(Productivity)是任何一本经济学教科书都不能忽略的概念。在国内早期经济学文献中 Productivity 常被译为"生产力"(其实在现今一些学者的文献中也经常看到)。生产率反映的是生产过程中要素投入与经济产出之间的关系,其变化反映了生产过程中要素投入与经济产出之间关系的变化,即经济发展方式发生的变化,或者说是要素使用效率发生的变化。

从测算的视角看更为直接,表现为生产过程中要素投入量与产出量的比例,即:

$$生产率 = \frac{产出量}{要素投入量} \tag{2-1}$$

或:

$$生产率 = \frac{要素投入量}{产出量} \tag{2-2}$$

式（2-1）是以要素投入量为基准对产出量的测量，称为产出扩大型生产率；式（2-2）是以产出量为基准对要素投入量的测量，称为成本（或要素）节约型生产率[①]。

无论是式（2-1）还是式（2-2），当一定的投入取得更多的产出，或更少的投入取得同样的产出时，称为生产率的提高；反之，当一定的投入取得较少的产出或更多的投入取得同样的产出时，称为生产率的降低。

由于式（2-1）反映的变化与人们思维习惯上的提升或下降相一致，因此得到更普遍的应用。

2.2 单要素生产率和全（多）要素生产率

在生产过程中要素投入和产出成果的表现形式是多种多样的，因而生产率的定量测算方法也是多种多样的。可以分为用实物量测算的生产率，如单位电力消耗得到的经济产出或用价值量测算的生产率，如每万元劳动报酬得到的经济产出；又可分为用单一要素投入测算的生产率，如劳动生产率、资本生产率，或用多种要素投入加以综合测算的生产率；还可以根据不同的研究对象分为企业生产率、产业（或行业）生产率、区域生产率、宏观经济总量生产率等。

现实的经济产出成果总是多种要素按一定方式组合投入的结果，如果只用一种要素测算生产率，等于是把其他要素的作用给舍弃掉了，把"功劳"都记在一种要素上，这显然有失"公平"，因此，能够客观反映真实生产率水平的是多种要素投入组合测算的生产率，即测算的是多种要素综合的使用效率，用数学符号表示为：

$$A = \frac{Y}{F(X_i)} \quad （2-3）$$

式中，A 为生产率，Y 为经济产出量，$F(X_i)$ 为 i 种投入量的组合。

[①] 也有称为要素节约型或费用节约型。

多种要素投入计算的生产率称为全要素生产率（Total Factor Productivity，TFP），也可称为多要素生产率（Multi Factor Productivity，MFP），如《OECD手册》中用的是 MFP，亚洲生产率组织用的是 TFP。在国内由于译者的偏好不同，也有译为总和要素生产率等其他名称的。

经济学理论将土地、劳动、资本看作是生产过程最基本的 3 种要素，由于土地的投入总是有限的，且在市场经济条件下经常以资本的形式出现，因此生产率的测算和研究通常都是围绕着资本和劳动这 2 种要素投入效率展开的。随着生产率研究的深化，要素投入也出现细化的取向，如将人力资本作为投入，将能源消耗作为投入，将反映资源环境的变量作为投入等。在国内外学者的学术研究中，也常融入各种"要素"的组合，最为典型的就是 KLEMS-TFP，用资本、劳动、能源投入、原材料投入、服务等组合投入测算 TFP，即：

$$A = \frac{Y}{F(K, L, E, M, S)} \quad (2\text{-}4)$$

但是，最常见的还是将资本（K）和劳动（L）作为变量建立的 TFP 理论模型：

$$A = \frac{Y}{F(K, L)} \quad (2\text{-}5)$$

式中，A 代表全要素生产率，Y 为经济产出，$F(K, L)$ 为资本投入（K）和劳动投入（L）的组合。本书以下的一切讨论都源于这一理论模型。

2.3 综合要素与技术进步

经济学理论告诉我们，等量资本或等量劳动理应得到等量报酬，即同样的要素投入量理应取得同样的产出量。但在现实中却不是这样的，不同企业生产同样的产品，有的盈利多，有的盈利少，甚至有的还亏损。不同时期生产同样的产品，有时候盈利多，有时候盈利少，有时候还亏损。这是因为在生产过程中，除了前面提到的土地、劳动、资本外，还有其他一些因素在起作用，使得要素使用效率发生变化，主要有以下一些因素。

一是制度。不论是政治制度还是经济制度发生了变化，必然会对生产率产生影响，这也就是马克思理论指出的，上层建筑或生产关系对生产力的促进作用。我国改革开放去除了"姓资姓社"对人的束缚，焕发了劳动者的积极性，使得生产率得到迅速提高。在农村，由于联产承包责任制的实施，摆脱了"大锅饭"的体制，同样的耕地，同样的人力投入，甚至还有所减少，却能够迅速提升农产品产量，这是一个最为典型的制度变革影响要素使用效率变化的实例。

二是经济布局。在改革开放前的计划经济时期，由于较为恶劣的国际环境和认识上的局限性，许多大型企业都安置在交通不便、条件恶劣的内陆地区。改革开放后，我国开始实行向沿海倾斜的经济布局，使得在相同的要素投入下迅速提升了生产率。

三是经济结构。通过调整经济结构，特别是产业结构，向有利于投入少产出多的产业或行业转移。产业结构的不断优化就可以在不增加要素投入量的情况下提高生产率。

四是资本投入和劳动投入的合理配置。各种资本投入和劳动投入之间、固定资本和流动资本之间达到最佳组合。

五是组织营销的科学化。通过科学的人性化的组织管理方式充分调动劳动者的积极性，或是采取更为合理的营销组织架构来提高生产率。

此外，还有其他一些影响生产率变化的因素，如气候的改善、环境的改善等，甚至管理者的性格或劳动者心情的好坏也会影响到生产率的提升和降低。

除上述因素外，还有一个最为重要的因素，这就是科学技术，通过产品创新和工艺创新达到要素节约的目的从而提升生产率。"科学技术是第一生产力"的论断最为准确地说明了科学技术在生产率提升中的重要意义。

美国经济学家 Solow 将上述提高生产率的因素统称为"综合要素"，并把"综合要素"定义为科学技术和组织管理的改进；效率，即给定投入量的产出量增加；其他因素，包括规模经济、资源配置的改进等。需要特别指出的是：

Solow 将上述改进称为广义技术进步。这也是我们将全要素生产率称为技术进步（科技进步），将多要素生产率贡献率称为科技进步贡献率的由来。

在此需要强调的是，综合要素虽然重要，但却不是与资本和劳动并驾齐驱的要素，技术进步也不是像资本和劳动一样在生产过程中的"投入"，综合要素对经济增长的贡献实际上是"一种无形的投入"，有些来自于要素质量提升导致的"溢出"，有些来自于生产关系的改变，有些来自于生产活动外部环境的改善。在生产率的变化中综合要素是没有投入的，是"无本的买卖"，切不可将综合要素看作是要素投入。

2.4 技术进步和科技进步

从严格的经济学理论上讲，技术进步和科技进步的内涵是有差别的。"科技"包括"科学"和"技术"，科学一般指的是关于自然界、社会和思维发展规律的知识，而"技术"指的是解决问题的方法及方法原理，是指将资源转化为产出的知识[①]。国外的研究文献只有用技术进步（Technical Progress）或技术变化（Technical Change）的，在国内日常生活及学术研究中技术进步和科技进步经常混用[②]。特别是国内颁布的《中华人民共和国科学技术进步法》，以及在所有官方文件、各种五年规划或"科技中长期规划"中使用的都是科技进步，因此如果涉及政府部门的研究，还是宜使用"科技进步"。但从经济学的角度看，似乎用技术进步更为合适，这是因为科学距离现实的生产过程毕竟比较遥远，能够近距离对生产过程产生影响的应该是技术。

2.5 有形技术变化和无形技术变化

有形技术变化和无形技术变化也是与生产率研究相联系的经济学概念。这两

---

① 此定义来源于《OECD 手册》。
② 本书中也在不同场合选择更合适的应用，如"广义技术进步""科技进步贡献率"。

个概念涉及我们如何理解科技进步和如何理解生产率。

众所周知，科技进步改变着每个人的生活，我们都能够深切感受到科技进步带来的变化，但生活中的科技进步与经济学意义的科技进步是有差别的。

生活中的科技进步指的是经济社会各个方面产生的新生事物并引起的变化，如拖拉机取代了耕牛、智能手机取代传统手机、高速铁路取代传统铁路运输等，事物的这些外在变化在经济学中称为有形技术变化。有形技术变化不一定能带来生产率的提高，这样的事例有很多很多，如日本新干线建成后连年亏损，最后不得不卖给私营公司，欧洲的协和式飞机经营困难最终停飞等。

经济学的技术变化指的是无形技术变化。不管是否发生了有形技术变化，只有使生产率得到提升，才是经济学认可的技术变化，即无形技术变化。

有关技术变化，《OECD手册》有一段经典的阐述："必须认识到并非所有的技术变化都能转化为生产率增长。它们之间重要的区别在于有形和无形技术变化的不同。前者是指要素投入在设计和品质上的革新，只要按照不同要素分别取酬，它们的贡献就应分别归于各个要素。无形技术变化是"无成本"的，如综合知识、设计图纸、网络效应或其他生产要素的溢出效应，包括更优的管理经验和组织变革等。"可见，无形技术变化是一种"溢出"，是无成本的，如果是有成本的，就应归于资本投入或劳动投入对产出的影响，只有溢出的部分才应归于生产率对产出的影响。

举个通俗的例子，某公司原雇用了10个员工，高中学历，人均月薪为5000元，公司月产出为50万元；假定其他条件相同，改为雇用10个员工，博士学位，人均月薪为1万元，如果第二个月产出为100万元，说明该公司没有发生无形技术变化，生产率并没有得到提升。只有当月产出达到100万元以上时，才能认定发生了一定程度的无形技术变化，也才能认定生产率得到提升。假使第二个月产出还不到100万元，说明公司将原来的员工换成博士并不划算，并没有产生无形技术变化，雇用博士只是面子上好看而已（发生了有形技术变化），生产率反而下降了。

2.6 生产率与科技投入

许多人认为，既然生产率与科技进步密切相关，那么科技投入理应成为解释生产率变化的重要变量。

固然科技投入是制约科技活动规模与水平的重要因素。科技投入的方向及力度直接影响着一个国家或地区科技进步水平及经济社会发展水平。科技投入包括科技人力投入和科技财力投入，渠道和形式也是多种多样的，其中最为重要的是研究与试验（R&D）发展投入。

科技投入是手段，生产率提升是科技投入的直接目的，代表着经济发展质量的改善。一般说来，科技投入的变化应是与生产率的变化一致的，即随着科技投入的增加，生产率理应有所提升。但也应注意到，科技投入并不必然带来生产率的提升。

在经济学意义上任何科技投入都是被当作资本投入或劳动投入的一部分的。换言之，任何要素投入都是在一定技术水平上的投入，任何技术投入都是与要素投入密切关联的投入。至于研发技术的投入或购买技术的投入是否和经济学意义上的技术进步相联系，那就要看有关技术的投入是否对产出产生无形技术影响，即能够使规模报酬增加，也就是使"余值"增加，这才能看作是技术进步的"贡献"。

也就是说科技投入与其他各种各样的资本投入和劳动投入一样，有可能是有效投入，有可能是无效投入，有可能虽然有效但效果还不如其他类型的资本投入和劳动投入。特别是研发活动是有风险的，有可能是失败的投入，反而会造成资源的浪费，从而降低生产率水平。生产率的变化反映的是应计入成本的所有要素投入的整体"溢出"，衡量的是要素投入效率，不能简单认为是科技投入就一定会产生相应的生产率提升。

特别是随着国民账户体系2008（SNA2008）的发布和推广实施，科技投入（研究与试验发展经费内部支出，R&D支出）的归属有了重大调整，其归属也更为明确。"R&D"设为知识产权产品下的一个子目录,R&D 支出纳入了固定资本投入(固定资本形成[①]),成为 GDP 的组成部分。无论从经济核算理论上,还是从实际统计核算上,在设有要素投入变量的基础上,R&D 都已无法独立作为解释变量纳入生产率测算了。

当然,从计量经济学的角度,将要素投入进一步细化的前提下将科技投入设为解释变量亦无不可,但也应注意到,从某一时期科技投入的变化发展为生产率的提升,通常要经过极为缓慢的过程,今天生产率的提升可能是多年前科技投入的结果,今天的科技投入要在多年后的生产率中才能得到体现。千万不可将当期的科技投入与当期的生产率水平对等进行测算。

还需要说明的一点是,某一领域生产率提升不见得是该领域科技投入的结果,而有可能是其他领域科技投入的溢出效应。工业技术革命带动的是多个领域 TFP 的提升,其他产业也连带受益,如笑话讲的淘金的没赚钱卖水的赚钱了就是这个道理。21 世纪以来信息技术领域的研发投入往往带动的是多个领域生产率的改善。

总之,科技投入规模扩大、强度的提升只表示为生产率提升、经济高质量发展提供了可能性,进行了努力,并不意味着生产率必然提升,也并不意味着经济必然高质量发展;反之,生产率提升也并不意味着科技投入取得优异成绩,两者之间只存在一般意义的联系。

近年来一些研究认为购买技术或研发技术需要投入,所以应该在资本投入和劳动投入之外设有反映技术投入的变量。一些研究试图将无形资本作为独立于资本和劳动之外的、反映技术进步的新的变量,或者将研究与试验发展投入(R&D 经费内部支出)作为反映技术进步的变量,或者将资本投入拆解为资本投入数量和资本投入质量,将劳动投入拆解为劳动投入数量和劳动投入质量,将反

[①] 固定资本形成总额的新定义:指常住单位在一定时期内获得的固定资产减处置的固定资产的价值总额。固定资产是通过生产活动生产出来的,且其使用年限在一年以上、单位价值在规定标准以上的资产,不包括自然资产、耐用消费品、小型工器具。固定资本形成总额包括住宅、其他建筑和构筑物、机器和设备、培育性生物资源、知识产权产品(研发支出、矿藏的勘探、计算机软件)的价值获得减处置。

映资本和劳动投入质量的变量看作是技术进步变量，不管这样的拆解能否成功，但却肯定是混淆了技术投入和技术进步之间的差别。

2.7 生产率与创新

生产率与创新的关系要比与科技投入的关系密切，这是因为创新的外延比科技投入广泛得多。创新不仅包括产品创新、工艺创新，还包括组织创新和营销创新，与综合要素有着密切联系。制度变革、结构优化、布局调整可以看作组织创新和营销创新。Solow 称之为"广义技术进步"的综合要素的改进不仅包括新技术、新工艺的应用，而且还包括制度创新、管理科学化等内容。

创新与科技投入不同之处还在于，创新是既注重过程也注重结果，不仅包括创新投入，也包括创新成果，没有带来实际经济效益的创新不能算作创新，不能视作经济高质量发展。

对创新和生产率之间关系最清楚不过的诠释就是熊彼特的名言："创新就是建立一种新的生产函数。"因此，我们基本上可以把生产率的提升和创新发展画一个等号，创新发展最为突出的特征就是生产率的提升，一个国家或者一个地区，如果没有生产率的提升就不能说是创新发展。

2.8 生产率与要素投入

毋庸置疑，生产率能够促进经济增长，但促进经济增长的不仅是生产率，要素投入同样可以促进经济增长。不同的是生产率促进的是内涵经济增长，是要素投入的"溢出"，是"无成本"的，要素投入促进的是外延经济增长，是要付出成本的。

但这并不等于可以忽视要素投入对经济增长的重要作用。资本和劳动之所以称为"要素"，就是万万不可缺少的，是促进经济增长最直接和最重要的手段。

它可以迅速带动就业和消费的增长，对经济增长具有针对性强、风险小、见效快的特点，由要素投入带动的产出外延扩大可以在占领产品市场和消费市场上起到决定性作用，我们通常说的集中力量办大事就是这个意思。一个经济体或某一产业，在关键时刻进行及时的要素投入可以起到扭转乾坤的作用。因此在研究生产率时，切不可盲目推崇生产率的作用而忽视要素投入的作用。在经济危机到来时，决策者首先想到的是如何加大要素投入而不是如何提升生产率。

在进行生产率研究时，如果发现生产率单项增高或显著增高伴随着要素投入的大幅度减少，往往预示经济失衡或经济危机的来临。

2.9　生产率与公共部门

顾名思义，生产率就是"生产"的效率，不是生产活动就谈不上什么效率。那么什么是生产活动和非生产活动呢？不同的经济学理论有不同的解释。与生产率理论相联系，生产活动应是追求边际产出效益（追求利润）的活动。反之，非生产活动则是不追求边际产出效益（追求利润）的活动。后者常称之为公共部门的活动，如公立教育机构、公立医疗机构、公立研究机构等。这些部门虽然列入产业分类（或行业分类），但与"营利"关系不大，没有明确具体的产出，也无法运用一般生产率的逻辑来衡量其效率，如公立学校、公立科研机构、公立医院等，将毕业学生或在校学生、诊疗患者或住院患者看作产出显然是不合适的；即使将专利、论文等看作研究活动的产出[①]，我们也不可按生产活动的逻辑，尽可能减少教育投入或研发投入并试图扩大产出，医疗行业更是如此，医院不可能追求医疗设备和劳动的节约并尽可能使更多的患者得到医治来提升"生产率"。即使是私营的教育机构、科研机构和医院也不应为追求利润而节约投入并扩大产出，这也是这些部门称为私营非营利机构的由来。

---

① 虽然明显地需要用 R&D 产出指标来补充投入数据，但 R&D 产出指标非常难以定义或获取。

按现行的产业分类,国内第三产业中的部分行业应归于公共部门,讲求的是为社会公众服务,而不是赚取利润。因此,对于这些公共部门不宜测算生产率。

但是,如果是测算整个宏观经济的总量生产率,可以不扣除这些公共部门的投入和产出,因为从全社会的角度看,这些部门参与了整体宏观经济的运行,是为整体宏观经济运行服务的,它们的投入产出效率通过其他行业或部门的效率来体现。

第三章 生产函数与索洛方程

3.1 生产函数和生产率

研究生产率，就不能不提及生产函数，更不能不提及柯布—道格拉斯（C-D）生产函数。自 1928 年 Cobb 和 Douglas 阐述了 C-D 生产函数以来，这种描述资本和劳动投入量与产出量之间关系的方法就成为测算生产率的基本方法。C-D 生产函数的基本形式为：

$$Y = f(K, L) = AK^{\alpha}L^{\beta} \tag{3-1}$$

式中，Y 表示产出，K 表示资本投入，L 表示劳动投入，α 和 β 分别代表资本和劳动的弹性系数[①]，A 为方程系数。

通过构建 C-D 生产函数可以测算资本和劳动这两种要素投入量的边际产出。当我们对一种既定的经济投入和产出之间的关系进行模拟后，就可以通过 α 和 β 对边际产出效率进行判断：

第一种情况：当 $\alpha+\beta=1$ 时，可表示被模拟经济关系的边际产出是不变的

---

① 资本弹性系数的全称应为产出对资本投入的弹性系数，指的是当资本投入增长一个单位（如 1%）时产出增长的百分比；劳动弹性系数的全称应为产出对劳动投入的弹性系数，指的是当资本投入增长一个单位（如 1%）时产出增长的百分比。

（规模报酬不变[①]）。

第二种情况：当 $α+β>1$ 时，可表示被模拟经济关系的边际产出是增加的（规模报酬增加）。

第三种情况：当 $α+β<1$ 时，可表示被模拟经济关系的边际产出是下降的（规模报酬减少）。

C-D 生产函数对于经济分析具有十分重要的意义。依据 C-D 函数，当要素投入增加，产出与要素投入同比例增加，规模报酬未发生变化，即第一种情况，说明边际产出没有发生变化，也就是综合要素没有发生变化；当要素投入增加时，产出以比要素投入更快的速度增加，出现了第二种情况，表明肯定是其他一些因素（综合要素）发生了变化，影响了边际产出的增加；当要素投入增加时，产出虽然有所增长，但比要素投入的速度要慢，这就是第三种情况，肯定是综合要素发生了逆向变化，导致边际产出减少。

Solow 根据上述特点，将 C-D 生产函数加以变形，得到：

$$A = \frac{Y}{K^α L^β} \quad (3-2)$$

将原来生产函数中的系数 A 赋予新的定义，称之为全要素生产率（TFP）。式（3-2）就是 TFP 理论模型，是迄今为止所有 TFP 测算方法的基础和出发点。

3.2 规模报酬不变

通过式（3-1）可知，如果将某一经济体的要素投入和产出数据代入这一模型，通过求解 $α$ 和 $β$，就可以得到 A。如果我们不加任何约束条件，求出的 A 既

---

① 规模报酬不变指的是规模发生变化而边际产出未发生变化，产出的增加完全是由于扩大要素投入的原因。与经济学中经济规模对产出的影响既有区别也有联系。经济学十分重视经济规模对经济增长的意义。较大的经济规模可以占有更多的资源和市场，在竞争中占据更有利的地位。较大的经济规模还可以摊低固定成本，使相对投入水平降低，从而提升生产率。不过，经济规模进一步扩大又会迫使经济体再次增加固定成本，从而降低生产率。如何寻找和确定最优经济规模是许多经济学家关心并加以研究的选题，经济规模能够影响生产率变化也已是不争的事实。

包括了综合要素影响边际产出的变化，也包括了要素投入影响产出的变化，如果我们只要求 A 反映综合要素影响边际产出的变化，则需要做出假定，假定规模报酬不发生变化，即 $\alpha+\beta=1$。反过来说，就是只有把资本、劳动的影响按规模报酬不变的要求与综合要素的作用分离开来，才有可能单纯反映综合要素的作用，用经济学的理论公式表达就是：

$$Y^*=f(cK, cL)=cf(K, L)=cY$$

即：

$$Y^*=A(cK)^\alpha(cL)^\beta=Ac^\alpha K^\alpha c^\beta L^\beta=c^{\alpha+\beta}AK^\alpha L^\beta=c^{\alpha+\beta}Y \qquad (3-3)$$

的前提条件是 $\alpha+\beta=1$。

式中，Y^* 为要素投入发生变化后的产出，如果规模报酬不变，Y^* 应等于 cY，而只有在 $\alpha+\beta=1$ 时这一约束条件才能成立。

在现实经济生活中，规模报酬的差异普遍存在，这恰恰是因为综合要素在起作用。因此，在测算科技进步贡献率时，设定 $\alpha+\beta=1$ 就等于在测算过程中确定了一个投入产出关系，在这样的关系下，投入产出发生的其他一切变化都归结为综合要素引起的变化，即 TFP 的变化。

在实际测算中判断是否遵守了这样的关系，只需要看 $\alpha+\beta=1$ 还是 $\alpha+\beta\neq 1$ 即可，如果 $\alpha+\beta<1$，就是人为地降低了资本和劳动的作用，如果 $\alpha+\beta>1$，就是人为地夸大了资本和劳动的作用。

3.3 中性技术进步

在设定规模报酬不变的前提下，还需要对 TFP 作中性技术进步的假设。

中性技术进步又称为希克斯中性（Hicks Neutral）。在这里 neutral 理解为"不偏不倚"更为合适。

设定综合要素是影响产出的因素之一，那么中性技术进步为

$$f(A, K, L)=Af(K, L) \qquad (3-4)$$

中性技术进步的假设其实是与规模报酬的约束条件相联系的。在经济活动中，资本和劳动是可以相互替代的。有时可以增加资本投入以减少劳动投入，有时可以增加劳动投入以减少资本投入，企业总是力求达到一种均衡，使资本投入和劳动投入达到一种最佳配比，从而投入产出比达到最优水平。中性技术进步的经济学含义是指综合要素对资本和劳动的影响应该是均等的，不改变资本和劳动的边际产出比例，保持各种要素边际替代率不变。这只是一种理论假设，只是要保证生产率理论的严谨完善，现实中只有在完全的市场经济条件下才有可能实现。因此，这只是一个为了能够自圆其说的假设而已。

3.4 TFP速度（科技进步速度）

有了上述理论模型，是不是就能够直接测算TFP了呢？回答是否定的。因为在Solow提出这一理论模型时，统计数据不能满足直接测算的要求，各种要素投入量的计量单位不同，难以汇总相加。因此，Solow采取了迂回的办法来测算TFP速度[①]，也就是国内常说的科技进步速度。

Solow将式（3-2）求全微分并整理，得到：

$$\frac{dA}{A} = \frac{dY}{Y} - \alpha \frac{dK}{K} - \beta \frac{dL}{L} \quad (3-5)$$

掌握微积分知识的人不难看出，式（3-5）中的 $\frac{dA}{A}$ 就是TFP增长速度，$\frac{dY}{Y}$ 就是产出增长速度，$\frac{dK}{K}$ 和 $\frac{dL}{L}$ 分别为资本和劳动的增长速度。

将式（3-5）简化，分别用 a、y、k、l 来表示式（3-5）中的各项增长速度，于是有：

$$a = y - \alpha k - \beta l \quad (3-6)$$

这就是著名的索洛增长速度方程。如果将 αk 看作资本影响产出增长速度部分，

---

① TFP速度是国内文献常用的称呼，通俗但不严谨。国外文献常为Gorwth in GDP per 或 Change in GDP per，译为增长率或变化率更为合适。

将 βl 看作劳动影响产出增长速度部分,那么 TFP 速度就是由产出增长速度扣除资本和劳动影响产出增长的部分之后的剩余,因此又称为索洛余值法。

从式（3-6）可以看出,有多种因素影响着 TFP 速度的快慢,包括产出增长速度、资本增长速度、劳动增长速度,还有就是 α 和 β 的比值等。产出增长速度越快 TFP 速度就越快,资本增长速度和劳动增长速度越快 TFP 速度越慢。这说明在余值法的实际测算中,科技进步（综合要素）不是独立于资本劳动等要素投入而存在的变量,它的取值取决于上述各种变量的变化,这就是理论和现实之间的差别。

在极端情况下,假如资本增长速度和劳动增长速度为 0,TFP 速度就等于产出增长速度,是不是就能说明产出完全取决于科技进步呢？更为极端地,如果资本增长速度和劳动增长速度为负,TFP 速度就会大于产出增长速度,这又如何阐释这种状态下的经济现象呢？以上这些问题的出现再一次说明,在经济分析中,定量分析虽是能清晰明确说明问题的手段,但局限性也是十分明显的。定量分析绝不是像求解数学习题那样简单机械,它必须要伴随着与经济学逻辑相符的定性分析,定量分析只是定性分析前提下的一种辅助手段而已。

数量分析的经验还告诉我们,经济现象发展速度的快慢与比较基期密切相关。基期水平低的速度一般要高于基期水平高的速度。这可以通过许多实例得到解释,如发达国家或发达地区的经济增长速度一般要低于发展中国家或欠发达地区。在 TFP 速度的测算中也经常出现这种现象。那么,是不是就说明发达国家或发达地区的生产率水平要低于发展中国家或欠发达地区呢？显然不是这样的。数量分析不能依据单一的指标作结论,在测算 TFP 速度的同时,我们还可以通过其他指标综合说明经济发展状况,即使是在进行 TFP 速度比较的时候,也可以在通过不同基期的试算来选择较为合适的基期。发达国家和国际组织的测算经验可以为我们提供很好的借鉴,经济合作与发展组织、亚洲生产率组织等国际组织在测算 TFP 速度时,通常提供定基（固定基期）和环比（以上年为基期）两种方案,这样就可以相互参照长期速度和近期速度之间的消长变化。

需要再次强调的是，科技进步速度是国内惯用的称呼，发达国家和国际组织统称之为 TFP 增长率或 MFP 增长率，在发达国家和国际组织的网站或数据库，测算 TFP（MFP）常指的就是测算 TFP 增长率（MFP 增长率）。如果是定基测算，称为 TFP 指数（Total Factor Productivity Index 或 TFP Index）或者 MFP 指数（Multi Factor Productivity Index 或 MFP Index）。

还需要说明一点，在生产率分析时，单独使用 TFP 速度难免以偏概全，只有和资本影响经济增长速度、劳动影响经济增长速度，各种劳动投入计算的劳动生产率，资本深化等其他指标联系在一起应用才更加有意义。在这方面，发达国家和国际组织提供了很好的借鉴。

3.5 TFP贡献（科技进步贡献）

TFP 贡献是具有中国特色的经济指标，它通过测算 TFP 速度占经济产出增长速度的比重来反映综合要素影响经济增长的份额[①]。可以从相对贡献率和绝对贡献值2个角度进行测量，前者称为 TFP 贡献率，后者称为 TFP 贡献额。

TFP 贡献率指的是 TFP 速度与产出增长速度之比 a/y，它与资本贡献率、劳动贡献率之间的关系式为：

$$\frac{a}{y} \times 100\% = 100\% - \frac{\alpha k}{y} \times 100\% - \frac{\beta l}{y} \times 100\% \qquad (3-7)$$

这个算式表达了在经济增长中，全要素生产率、资本投入、劳动投入等影响经济产出增长速度的份额。

在此基础上，我们还可以对 TFP 对经济增长的绝对贡献，即 TFP 贡献额进行测算，它可以说明 TFP 影响经济产出增长了多少，即：

$$Y_a = \frac{a}{y} \times 100\% \times (Y_1 - Y_0) \qquad (3-8)$$

[①] 经济统计中，比重数、份额和贡献率含义相同，可互换使用。总量和增长速度都可以计算，前者如第三产业对 GDP 的贡献，后者如第三产业增长对 GDP 增长的贡献。

式中，Y_a 为因 TFP 而增加的经济产出，Y_1 为计算期产出，Y_0 为基期产出。

TFP 贡献额的大小不仅与 TFP 贡献率有关联，还取决于经济产出的增长量。在同样的增长速度下，经济产出规模越大则增长量就越多，TFP 贡献额就越大；经济产出规模越小则增长量就越少，TFP 贡献额就越小。

同样，也可以测算资本贡献额和劳动贡献额：

$$Y_k = \frac{\alpha k}{y} \times 100\% \times (Y_1 - Y_0) \quad (3\text{-}9a)$$

$$Y_l = \frac{\alpha l}{y} \times 100\% \times (Y_1 - Y_0) \quad (3\text{-}9b)$$

TFP 速度、TFP 贡献率和 TFP 贡献额相结合，才能更为全面客观地反映 TFP 对经济增长的影响。有些经济体 TFP 速度较快，可 TFP 贡献率却较低，缘于经济产出速度更快；有些经济体 TFP 贡献率很高，可 TFP 贡献额较小，缘于经济体产出总量较少，反之，有些经济体 TFP 贡献率较低，可 TFP 贡献额较大，缘于经济体产出总量较大。经济分析正是依据分析对象各种不同的表现来体现其发展规律和发展特点。

3.6 劳动生产率和资本深化

发达国家和国际组织在关注 TFP 速度和贡献的同时，也十分重视资本深化和劳动生产率的变化。

从以上的讨论可以知道，TFP 的变化包含了资本生产率的变化和劳动生产率的变化，而资本深化（Capital Deepening）则是反映资本投入与劳动投入之间关系的指标，指的是在经济增长过程中与单位劳动投入对应的资本投入的变化。在国内早期经济学文献中称为资本装备率，与马克思主义政治经济学中的资本有机构成十分近似。

马克思主义政治经济学认为：资本的技术构成和资本的价值构成之间存在密切关系。由资本技术构成决定并能反映技术构成变化的资本价值构成，叫作资本有机构成，具体表现为不变资本与可变资本之比。不变资本可看作是购买劳动力的资本，等同于劳动投入量。

一个国家或一个生产部门的资本有机构成，总是呈现不断提高的趋势，反映了技术的不断深化，因而是反映技术进步的指标。另外，劳动生产率是反映劳动效率变化的指标，将 C-D 生产函数变形（方程左右同除以 L），得到：

$$\frac{Y}{L} = A\left(\frac{K}{L}\right)^{\alpha} \tag{3-10}$$

生产函数变形为劳动生产率和资本装备率之间的关系式。当劳动生产率增长率超过资本装备率增长一定程度时，A（TFP）能够得到提升，反之会导致 A（TFP）下降。这说明，资本装备率的增长应以劳动生产率的增长为前提，没有劳动生产率一定程度的增长，资本的大量投入反而会使 TFP 下降。

将式（3-10）线性化，得到一元线性方程：

$$\ln\left(\frac{Y}{L}\right) = \ln A + \alpha \ln\left(\frac{K}{L}\right) \tag{3-11}$$

通过最小二乘法解出 α，通过 $1-\alpha$ 得到 β，这样就可以避免 α 或 β 为负的情况出现了。不过，这样解出的 α 和 β 与式（3-1）解出的不一样，这是因为原方程拟合的关系已经发生了变化。

3.7 增长速度方程求解

尽管许多学者对增长速度方程提出了许多改进建议，但任何人也不能否认的是，至今增长速度方程仍是测算 TFP 最基本的方法和应用最广泛的方法，同时也是发达国家和国际组织普遍采用的方法。

通过对增长速度方程 $a=y-\alpha k-\beta l$ 的展示可见，在满足经济产出、资本投入、劳动投入数据的前提下，只需要求解出 α 和 β 这 2 个弹性系数即可，主要有以下几种方法。

3.7.1 回归分析法

通过回归分析法求解生产函数，得到 α 和 β，是许多学术研究最常用的方法，又称为经济计量方法或参数方法，具体步骤如下。

（1）生产函数线性化。

$$\ln Y_t = \ln A_t + \alpha \ln K_t + \beta \ln L_t \tag{3-12}$$

利用最小二乘法估计出参数值。

（2）归一化。

由于通过回归求出的 α 和 β 在多数情况下相加不等于 1，为了符合"规模报酬不变"的设定，需要进行归一化处理。

一种方法是回归后进行归一化处理：

$$\alpha' = \frac{\alpha}{\alpha+\beta}, \quad \beta' = \frac{\beta}{\alpha+\beta}$$

使 $\alpha'+\beta'=1$。

另一种方法是将产出和投入数据标准化[①]，建立标准化回归方程：

$$\ln Y'_t = \alpha' \ln K'_t + \beta' \ln L'_t \tag{3-13}$$

需要注意的是 2 种方法求出的弹性系数是不同的。

例如：利用 1980—2010 年的一组数据进行回归求解弹性系数（表 3-1）。

表3-1　1980—2010年全国经济产出和要素投入

年　份	经济产出（万元）	资本投入（万元）	劳动投入（万人）
1980	15145	44253	42361
1981	15932	47054	43725
1982	17382	50135	45295
1983	19277	53602	46436
1984	22207	57873	48197
1985	25205	62908	49873

---

① 标准化方法为 $x' = \frac{x_i - \bar{x}}{\sigma}$，在此是将线性化后的变量标准化。具体操作可参见统计学教科书有关内容。

续表

年 份	经济产出（万元）	资本投入（万元）	劳动投入（万人）
1986	27423	68458	51282
1987	30604	74827	52783
1988	34062	81727	54334
1989	35458	86895	55329
1990	36806	91973	56740
1991	40192	98063	58360
1992	45899	106125	65554
1993	52325	117711	66373
1994	59179	131084	67199
1995	65630	145798	67947
1996	72193	161455	68850
1997	78907	177080	69600
1998	85062	193972	70637
1999	91526	211505	71394
2000	99215	230216	72085
2001	107449	250883	72797
2002	117227	275488	73280
2003	128950	306018	73736
2004	141974	343599	74264
2005	158017	386289	74647
2006	178085	437022	74978
2007	203373	491927	75321
2008	222897	554761	77480
2009	243404	635967	75828
2010	268718	725488	76105

用第一种方法求得回归方程：

$$\ln Y_t = -9.42 + 0.96\ln K_t + 0.83\ln L_t$$

归一化后得到弹性系数：

$$\alpha' = 0.54, \beta' = 0.46$$

用第二种方法求得回归方程：

$$\ln Y_t = 0.7988\ln K_t + 0.2136\ln L_t$$

用2组回归系数求解得到初步的[①]TFP速度如表3-2所示。可见由于回归系数（弹性系数）的不同，TFP速度也不相同，在某些年份差距还挺大。因此，如何在不同方法中选择较为合适的结果，是经济分析必不可少的，甚至是要比测算更为重要的工作。

表3-2　回归方法测算TFP速度初步结果

年 份	产出速度（%）	资本投入速度（%）	劳动投入速度（%）	$\alpha=0.54$	$\alpha=0.79$
1981	105.2	106.3	103.2	0.30	−0.48
1982	109.1	106.5	103.6	3.91	3.17
1983	110.9	106.9	102.5	6.01	4.91
1984	115.2	108.0	103.8	9.15	8.11
1985	113.5	108.7	103.5	7.20	5.90
1986	108.8	108.8	102.8	2.74	1.24
1987	111.6	109.3	102.9	5.23	3.64
1988	111.3	109.2	102.9	4.97	3.40
1989	104.1	106.3	101.8	−0.16	−1.28
1990	103.8	105.8	102.6	−0.53	−1.35
1991	109.2	106.6	102.9	4.31	3.37

---

① 之所以称为初步的结果，是因为得到最终结果还需要对数据进行进一步加工整理，在此仅是为了简明地说明回归方法的应用。数据进一步加工整理的步骤和方法参见第五章有关内容。

续表

年 份	产出速度（%）	资本投入速度（%）	劳动投入速度（%）	α=0.54	α=0.79
1992	114.2	108.2	112.3	4.09	5.12
1993	114.0	110.9	101.2	7.53	5.11
1994	113.1	111.4	101.2	6.39	3.86
1995	110.9	111.2	101.1	4.33	1.80
1996	110.0	110.7	101.3	3.59	1.24
1997	109.3	109.7	101.1	3.57	1.43
1998	107.8	109.5	101.5	1.96	−0.05
1999	107.6	109.0	101.1	2.23	0.23
2000	108.4	108.8	101.0	3.18	1.21
2001	108.3	109.0	101.0	3.00	1.00
2002	109.1	109.8	100.7	3.50	1.21
2003	110.0	111.1	100.6	3.73	1.11
2004	110.1	112.3	100.7	3.14	0.25
2005	111.3	112.4	100.5	4.35	1.38
2006	112.7	113.1	100.4	5.40	2.23
2007	114.2	112.6	100.5	7.21	4.18
2008	109.6	112.8	102.9	1.38	−1.09
2009	109.2	114.6	97.9	2.28	−1.92
2010	110.4	114.1	100.4	2.63	−0.80

运用回归方程求解弹性系数一度在国内十分流行，特别是在20世纪80年代，在经济分析中刚开始引入回归分析方法，且该方法与数学联系密切，理应比经验估计法更科学、更严谨。但是在应用过程中大家逐渐发现回归分析方法求解弹性系数对于经济分析而言存在局限性。

一是就线性回归而言,无论时间序列多长,求解出的回归系数(弹性系数)只有一组,对不同年份资本投入弹性和劳动投入弹性的代表性存在问题。

二是当资本投入量的增长趋势和劳动投入量的增长趋势相差较大时,弹性系数有可能出现负值。这在经济学意义上无法做出合理解释。

如利用1980—2010年国内各地区的数据进行测算,一些经济较为发达的省份,如广东,资本投入相对于劳动投入快速增长,就出现了这种状况,用第一种方法求得回归方程:

$$\ln Y_t = 4.51 - 1.00\ln K_t + 1.37\ln L_t$$

归一化后得到弹性系数:

$$\alpha' = -2.63, \quad \beta' = 3.63$$

用第二种方法求得回归方程:

$$\ln Y_t = -0.1820\ln K_t + 1.1712\ln L_t$$

在经济分析中,对弹性系数为负的问题至今无法做出合理解释。

三是回归分析方法只适合一次性测算。如果对TFP进行连续测算(每年定期进行测算)时,由于后续年份数据的增加使得时间序列的长度发生变化,拟合回归方程后回归系数必然会发生变化,这样每年都需要不断地修正前期测算结果,这实际上也是在不断否定前期测算结果,经济分析的可信度自然会受到影响。

3.7.2 比值法

α和β在生产函数中之所以称为弹性系数,是因为α和β的变化与资本投入和劳动投入在生产过程中的重要性相联系。如果我们在增长速度方程中把α和β看作是反映要素投入重要性的权重,那么就可以利用与资本投入和劳动投入有关的数据,计算出衡量两者影响产出重要程度的比值来求解增长速度方程,这就是比值法的基本思路。

在国民账户体系(SNA)中,反映经济产出的国内生产总值(GDP)由劳动者报酬、固定资产折旧（可简称折旧）、生产税净额和营业盈余4个部分组成。劳动者报酬体现了劳动者的收入；折旧体现了资本的补偿，营业盈余体现了资本的盈利，两者合计可看作资本的收入；生产税净额可看作是公共部门服务的报酬（表3-3）。这样，劳动投入在要素投入中的重要性（权重）可确定为①：

$$\beta = \frac{劳动者报酬}{劳动者报酬 + 折旧 + 营业盈余} \quad （3-14a）$$

资本投入在要素投入中的重要性（权重）为：

$$\alpha = \frac{折旧 + 营业盈余}{劳动者报酬 + 折旧 + 营业盈余} = 1 - \beta \quad （3-14b）$$

表3-3 比值法测算TFP速度初步结果

年份	劳动者报酬（亿元）	折旧额（亿元）	营业盈余（亿元）	生产税净额（亿元）	α	β	TFP速度（%）
1981	2521.27	476.48	1213.58	568.42	0.60	0.40	0.73
1982	2850.82	532.19	1315.14	616.49	0.61	0.39	4.35
1983	3197.82	603.77	1473.20	690.34	0.61	0.39	6.65
1984	3819.07	711.40	1738.33	837.00	0.61	0.39	9.78
1985	4574.77	858.45	2128.68	1078.51	0.60	0.40	7.96
1986	5106.75	1011.44	2328.95	1205.81	0.60	0.40	3.60
1987	5967.50	1229.67	2828.19	1427.32	0.60	0.40	6.09
1988	7493.60	1541.08	3541.14	1885.82	0.60	0.40	5.82
1989	8454.28	1849.89	3905.69	2173.30	0.59	0.41	0.45
1990	9828.49	2165.67	4043.01	2406.25	0.61	0.39	−0.03
1991	11027.82	2606.08	4702.96	2805.25	0.60	0.40	4.84

---

① 以下计算方法在《OECD手册》中均有详细介绍。

续表

年 份	劳动者报酬（亿元）	折旧额（亿元）	营业盈余（亿元）	生产税净额（亿元）	α	β	TFP 速度（%）
1992	15959.60	3331.73	6127.13	3462.90	0.63	0.37	3.40
1993	19633.60	3996.09	8475.47	4733.70	0.61	0.39	9.00
1994	26645.10	5451.87	10804.78	6184.66	0.62	0.38	8.02
1995	33660.00	7050.45	13403.87	7378.58	0.62	0.38	5.96
1996	39279.50	8750.97	15640.41	8557.72	0.62	0.38	5.07
1997	43730.30	10443.58	16952.95	9908.90	0.61	0.39	4.90
1998	45998.84	11785.61	17864.95	10764.25	0.61	0.39	3.16
1999	48922.60	13178.06	19069.56	11589.10	0.60	0.40	3.36
2000	53241.88	15133.73	21486.59	13549.26	0.59	0.41	4.22
2001	56917.43	17003.22	24073.16	14789.82	0.58	0.42	3.96
2002	60096.85	18869.68	27452.28	16308.31	0.56	0.44	4.46
2003	67260.69	22073.84	33495.64	19044.46	0.55	0.45	4.65
2004	70688.78	24037.86	49464.06	23396.29	0.49	0.51	3.49
2005	81968.01	29381.99	58519.85	27919.19	0.48	0.52	4.62
2006	93453.83	33641.84	70862.02	32726.66	0.47	0.53	5.56
2007	109532.27	39018.85	86245.97	40827.52	0.47	0.53	7.28
2008	128547.08	45389.18	105428.33	50933.59	0.46	0.54	1.39
2009	170299.71	49369.64	90103.24	55531.11	0.55	0.45	3.78
2010	196714.07	56227.58	117456.61	66608.73	0.53	0.47	3.61

参考《OECD 手册》，如果进一步细化，在收入法核算中，生产税净额虽然属于公共部门服务的报酬，但最终还是要归结为消费和投资，可以通过消费率（或投资率）来分配劳动和资本应占生产税的份额，则劳动投入权重和资本投入权重可计算为：

$$\beta = \frac{劳动者报酬 + 生产税 \times 消费率}{劳动者报酬 + 折旧 + 生产税 + 营业盈余}$$

$$= \frac{劳动者报酬 + 生产税 \times 消费率}{国内生产总值} \quad (3-15)$$

再进一步,如果考虑到营业盈余中通常包含有私营业主和个体经营者自己应得到的劳动者报酬,按就业人员人均劳动者报酬将这一部分拆分出来,则劳动弹性系数可计算为:

$$\beta = \frac{劳动者报酬 + 生产税 \times 消费率 + 私营和个体经营者人数 \times 人均劳动者报酬}{国内生产总值} \quad (3-16)$$

由于比值法将 α 和 β 看作是权重,而不再是计量模型中的参数了,因此《OECD 手册》将其称为非参数方法。

与回归分析法比较,比值法的优点是显而易见的。一是由于每一测算年份都有一组不同的弹性系数值(权重),会随着这一年份资本投入和劳动投入强度发生变化,客观上拟合效果明显优于回归方法;二是劳动者报酬等 4 项构成不可能为负,因而不会出现负值;三是各年份权重一经确定就不会随着测算年份的推移对测算结果产生任何改变。因此,《OECD 手册》认为比值法"具有一定的稳定性和连贯性,而这恰恰是统计机构等定期发布和提供生产率资料所必要的。"

3.7.3 估值法

将 α 和 β 当作权重看待,研究者还可以根据自身的经验进行估计。国内许多研究者沿用世界银行[①]采用的两种分割方式,即 α 和 β 分别取值 0.4 和 0.6 或 0.6 和 0.4。一般认为,发达国家大多属于资本密集型经济。因而劳动的重要性较低,资本的重要性较高。劳动与资本产出弹性之比约为 0.4∶0.6,而发展中国家由

---

① 指 20 世纪 80 年代初世界银行考察团对中国生产率进行研究时使用的方法。

第三章　生产函数与索洛方程

于大多数属于劳动密集型经济，因而二者的比例约为0.6∶0.4。改革开放以来，特别是新世纪以来，中国经济迅速发展，资本积累也以超常速度增长，通过建立计量模型验证，中国的资本产出弹性已经明显高于劳动产出弹性，而且不仅沿海发达地区显示出这样的特征，欠发达地区同样显示出这样的特征。因此，张军扩、吴敬琏等曾在自己的研究中认为将劳动弹性系数和资本弹性系数分别设为0.3和0.7更符合国内的实际情况。此外，还有学者将劳动弹性系数和资本弹性系数设为0.2和0.8，同样依据的也是研究者对经济现象的经验性认识。

经验估计法是最简便的方法，但显然也是不够客观的方法。在其他方法存在时为什么要用经验估计法？依据是什么？都是无法自圆其说的问题。特别是普通研究者应用时更会面对多方质疑。

通过经验估计法的不同选择，可见 α 和 β 对TFP结果的影响是相当大的（表3-4）。假设产出增长速度为8%，资本增长速度为10%，劳动增长速度为2%；当 $\alpha=0.6$，$\beta=0.4$ 时，TFP为1.2%；如果 $\alpha=0.4$，$\beta=0.6$ 时，TFP为2.8%，差距相当大。因而，在经济分析中，结果的可接受程度往往是凭经验估计弹性系数合理性的重要依据。

表3-4　不同经验值对科技进步贡献率的影响

y	k	l	α	β	TFP（%）
8	10	2	0.6	0.4	1.2
8	10	2	0.4	0.6	2.8

实事求是地讲，通过对政府统计数据的分析，无论是改革开放前还是改革开放后，在国内宏观经济增长中，资本所起的作用都要远大于劳动的作用。因此，我们回顾第一章中曾介绍过的，20世纪80年代史清琪等人认为世界银行考察团测算结果过低，提出"资本弹性系数不可能为1，只是在0.2~0.3"的观点是值得商榷的。

3.8 参数方法和非参数方法

参数和非参数是数学用语。参数又称为参变量，如果数学模型（方程）能够通过参数来确定其他变量之间的关系，就称为参数方法；如果不需要通过参数就可以求解模型（方程），就称为非参数方法。由于许多计量模型多为参数模型，因而在一些研究文献中将参数方法称为经济计量方法或者简称"计量方法"[①]。

按此理解，同样是索洛模型，既可以将弹性系数 α 和 β 当作参数来求解（如上述回归方法），也可以将弹性系数当作权重来处理（如上述比值法和估值法），前者就是参数方法，后者就是非参数方法[②]。

专家学者对生产率进行研究，无论用什么样的模型，无论怎样选择变量和整理数据，只要能够自圆其说都不为过。而政府机构对生产率相关指标进行测算则不同。《OECD 手册》指出，从事生产率学术研究的方法与统计机构对生产率进行测算的方法是应加以区别的，并将生产率测算方法划分为参数方法（经济计量方法）和非参数方法，认为非参数方法才是定期测度生产率的推荐方法，而经济计量方法主要是学术研究者更为常用的工具。之所以如此，是基于非参数方法得到的结果具有一定的稳定性和连贯性，而这恰恰是统计机构等定期发布和提供生产率资料所必要的。

要达到一定的稳定性和连贯性，测算方法和测算过程的简明是十分重要的。测算方法和测算过程越是简明，假设条件就越少，不能自圆其说之处就可能减少，也就越具有公信力，而公信力对政府机构的测算十分重要。

可见，由于回归方法（参数方法）不能保证随时间序列的延长而弹性系数不发生变化，就不如用比值法来确定弹性系数（要素权重）。

3.9 TFP速度和TFP贡献比较

国内对 TFP 的测算注重 TFP 贡献率，而发达国家和国际组织却较为重视

---

① 《OECD 手册》。
② 下文将要讨论的规划方法也不需要估计参数，但许多文献也将其称为计量方法。

TFP 速度，迄今未检索到发达国家和国际组织定期发布 TFP 贡献率数据。有些数据资料中的 Contribution（Percentage Point Contribution to GDP Growth）指的也不是 TFP 的贡献率。

从一些国际组织，如经济合作与发展组织（OECD）和亚洲生产率组织（APO）测算和发布各成员国和相关经济体 TFP 的方式看，仅提供年度的 TFP 速度和 TFP 指数，旨在为相关组织机构和研究者进一步分析提供最基本的 TFP 素材，而不是更深层次的分析。

从经济统计方法论的角度讲，统计指标是反映经济现象数量特征的概念，不同指标的计量水平也是有高下的。通过调查初次生成的总量指标较为粗糙，但适用范围广，而通过基础指标层层加工生成的派生指标，虽然相对细化但局限性也随之增加，统计指标生成的步骤越多就越"精细"，指向越精准，但适用范围也越来越小。许多初学者或其他专业的学者往往忽略了经济统计学这一基本原理。

与 TFP 速度比较，TFP 贡献率是在其基础之上加工而成的，因而按统计指标生成的逻辑，肯定不如前者的适用范围广，特别是在不同经济体比较时，经济体发展水平差异越大可比性就越差。TFP 贡献率反映事物的特征更为精准，但适用范围也更小。因而，TFP 贡献率应不应该测算，应不应该推广，是长期困扰国内统计工作者和政府部门的问题。对于政府部门而言，既与"科技进步"沾边，又和"贡献率"沾边，这样的指标对于宣传成绩，总结政绩会有很好的效果，在许多特定时期总是大力推进测算工作。而研究者对这一指标的认识显然更为深刻一些，综合要素和真正的科技进步有着很大差别，贡献率本质上就是份额或比重的意思，而且还是基于经济产出增长速度计算出的比重，再加上测算过程中的许许多多的"假设"，将它和短期政绩相联系显然是不太合适的。

即便如此，我们也不能否认 MFP 贡献率是一个比 TFP 速度更为"敏感"的指标。表 3-5 是根据 2005—2011 年《全国科技进步统计监测报告》[①] 整理而成的科技进步贡献率测算表。表中数据敏感地反映出 2008 年以来我国经济受

---

① 科技部原综合计划司发布的区域科技进步监测年度报告。

到全球金融危机和欧洲主权债务危机的冲击,经济发展质量呈明显下降的态势。其中,科技进步贡献率由"十五"期末和"十一五"期初的40%左右下降到"十一五"期末的30%左右。与此相对应的是资本投入贡献率由50%左右提高为65%,显现出为应对危机采取大量资本注入的方式保增长,导致经济发展质量相对下降的局面。

表3-5 全国科技进步贡献率测算表(%)

时期	经济增长	资本增长	劳动增长	资本影响经济增长	劳动影响经济增长	科技进步速度	资本贡献率	劳动贡献率	科技进步贡献率
2001—2005	10.14	10.91	1.02	4.97	0.55	4.05	51.92	5.78	42.30
2002—2006	10.70	11.72	0.91	5.60	0.47	4.07	55.20	4.68	40.12
2003—2007	10.50	12.33	0.87	5.74	0.46	4.50	53.64	4.33	42.02
2004—2008	10.29	12.63	0.81	6.53	0.39	3.58	62.22	3.71	34.07
2005—2009	10.29	13.03	0.73	6.80	0.35	3.15	66.01	3.41	30.58
2006—2010	10.14	13.30	0.64	6.73	0.32	3.25	65.35	3.08	31.57

注:资料来源:2005—2011年《全国科技进步统计监测报告》附录1。

表3-6为该报告科技进步贡献率测算有关资料。由这些资料可见,"十一五"期间国内××省经济增长速度逐年下降,资本投入增长速度逐年提高,导致科技进步贡献率由略高于50%下降至接近0%,清楚地显示出该省经济发展质量在"十一五"期间急剧恶化的态势,这可以通过公开出版的《中国统计年鉴》中的数据得到印证:2010年与2005年比较,该省固定资本形成(不扣除价格因素)提高了1.36倍,用GDP价格指数缩减后,提高了83.8%;而GDP在此期间只增长了63.2%,资本投入速度大大快于经济增长速度,而导致了科技进步贡献率急剧下降。如果政府部门能够通过科技进步贡献率的测算及与资本贡献率和劳动贡献率之间的消长关系洞察到经济发展质量发生的变化,果断采取措施扭转这样的局面,无疑会对经济的宏观调控产生"好"的作用。从这样的角度出发,科技进步贡献率无疑是一个很好的指标。

表3-6　××省科技进步贡献率测算表（%）

时期	经济增长	资本增长	劳动增长	资本影响经济增长	劳动影响经济增长	科技进步速度	资本贡献率	劳动贡献率	科技进步贡献率
2001—2005	13.12	11.32	0.80	6.20	0.36	6.57	47.22	2.74	50.03
2002—2006	13.47	12.69	1.05	7.07	0.47	5.93	52.51	3.46	44.03
2003—2007	13.77	14.05	1.81	8.01	0.78	4.99	58.14	5.65	36.21
2004—2008	10.50	15.15	1.51	8.89	0.62	0.99	84.67	5.93	9.39
2005—2009	10.45	16.51	1.64	9.77	0.67	0.02	93.43	6.42	0.15
2006—2010	10.71	17.41	2.44	9.58	1.10	0.03	89.44	10.24	0.32

注：资料来源：2005—2011年《全国科技进步统计监测报告》附录1。

用好TFP贡献率的关键在于对它的理解，既不能全盘否定TFP贡献率的作用，又应该避免对贡献率作用的不切合实际的夸大。

首先，TFP贡献率只是一个统计指标。它虽然可直观地反映生产率对经济增长的贡献，但是单采用唯一指标进行衡量，必将会有局限性和片面性，因而应防止单纯根据TFP贡献率的大小片面进行评优、评劣的做法。

其次，TFP贡献率是一个相对指标。它具有其他相对指标的共性，即绝非越高就越好，它只是反映科技进步速度占经济增长速度的份额，其大小取决于经济增长速度和科技进步速度之间的关系。同样的科技进步速度，当经济增长速度较慢时，贡献率就会较大，而当经济增长速度较快时，贡献率就会较小。

再次，TFP贡献率不能逐年不断提高。特别是一些沿海发达地区由于资本和劳动投入规模较大、增速较快，贡献率反而低于中西部一些经济不十分发达的地区，这就如同发达国家的经济增长速度常常低于发展中国家一样的正常，也不能就此简单得出结论：沿海发达地区生产率水平要低于中西部地区。其实，一些发达国家或地区的TFP贡献率，即使是在经济起飞时期也没有想象的高。

3.10 TFP的"度"

经济学离不开测算，但经济学的测算和数学有所不同，数学研究的是抽象的数量关系，即使是做数学应用题要求的也只是运算正确，经济学的测算则需要与研究对象的"质"相联系，要讲究经济含义，符合经济学规律的测算才能成立，否则就是"瞎算"。这就涉及经济学中"量"与"质"转换过程中相联系的"度"的概念。

在经济统计分析中，"度"指的是数量界限或数量标准。数量界限有些来源于经济理论，有些来源于社会实践，还有些来源于规划目标，或者相似空间的比较等，如一个国家或地区财政收入的增长不宜高于国内（地区）生产总值的增长，工资水平的增长不能高于劳动生产率的增长等。又如恩格尔系数[①]、R&D强度等指标也都有相应的"度"。如测算绝对贫困时使用的马丁法，就是将维持人体生存基本需要的一组"基本食物定量"折算为价值量，再加上最低标准的衣着、住房、医疗等生活支出的价值量，构成最低生活标准。最低生活标准就是衡量生活标准的"度"。在许多场合处于"度"两侧的经济现象遵循的是不同的经济规律，如处于最低生活标准之下的社会群体的思维方式、消费习惯就不能用其他社会群体的规律来解释。

TFP测算结果也存在"度"的问题。并非越"快"越好，或者越"高"越好。依据TFP的"度"来判断测算结果的合理性并进行经济分析才是TFP研究的正确之路。

3.10.1 TFP速度的"度"

持续稳定增长是经济良性发展的重要标志，这也是TFP测算的前提条件。只有在经济产出持续增长、要素投入持续增长的前提下，测算出的TFP变化才有意义。经济增长存在景气循环，资本投入也与固定资本更新的周期性相关，会出现有些年份多，有些年份少的现象，这都会影响到生产率测算结果的稳定性，出现生产率测

---

① 联合国粮农组织根据恩格尔系数来评价贫富状况，具体如下：

恩格尔系数/%	≥60	50~59	40~49	30~39	≤29
贫富水平	绝对贫困	温饱水平	小康水平	富裕水平	最富裕水平

算结果与实际生产率的背离。一般在测算中可以通过数据修匀提高数据的平稳性以减少两者的背离。测算五年以上移动平均环比增长是生产率持续稳定提升的主要标志,测算五年以上移动平均定基增长是生产率持续稳定提升的辅助标志。

TFP速度还需要联系其他因素来判断其合理性。正常的经济增长不能脱离要素投入的增长,如果TFP速度高于经济产出速度,说明要素投入出现异常,一般在经济危机时会出现这种状况。通过经验数据判断,TFP速度不宜长期高于经济产出速度的50%。此外,现实经济生活如无突发情况,如战争、瘟疫、重大自然灾害等影响,TFP的实际变化总是刚性的。因此,TFP速度不应低于0,如果出现负增长,一般情况下应视为结果失效或视为经济失常的表现。

表3-7列举了亚洲部分国家部分时期的TFP速度。凡是出现负增长的时期,都是该国出现经济危机或重大历史事变的时期。联系其他数据,TFP速度是体现一国或地区政治经济持续稳定发展的重要标志之一。

表3-7 亚洲部分国家TFP速度(%)

国家	时期					
	1971—1975	1976—1980	1981—1985	1986—1990	1991—1995	1996—2000
文莱	4.52	3.27	-14.19	-7.47	-6.07	-2.17
柬埔寨	-10.78	-7.39	1.20	5.54	3.86	0.93
中国	-0.65	1.07	4.70	1.95	6.88	2.21
斐济	0.55	-1.75	-3.31	0.50	-1.67	-0.31
印度	-0.23	-0.54	1.52	1.95	1.60	1.75
伊朗	2.24	-10.29	0.55	-1.27	2.02	2.16
老挝	1.35	-0.64	3.10	-1.78	-0.42	-0.34
蒙古	-0.99	-1.50	-0.34	-1.10	-0.72	3.62
缅甸	-0.72	-0.45	-1.51	-4.73	0.48	-1.33
尼泊尔	-1.57	-2.31	-1.88	-0.32	-1.32	-0.78
菲律宾	0.05	-0.88	-7.00	2.16	-0.76	-0.69

注:数据来源APO。

3.10.2 TFP贡献率的"度"

TFP贡献率的"度"需要与要素投入贡献率相联系衡量。从历史资料看,欠发达经济体的劳动投入贡献率较高,发达经济体的资本投入贡献率较高,由欠发达经济体向发达经济体转变时期,也就是经济起飞时期,TFP贡献率往往比较高。观察日本和亚洲四小龙在经济起飞时期可知TFP贡献率达到较高的程度,之后逐步下降。

但即使日本自20世纪60年代经济起飞后,经历了20世纪70—90年代近30年的经济繁荣期,日本的TFP贡献率也没有高于50%(表3-8)。

表3-8 日本资本投入、劳动投入、MFP增长率及MFP贡献率(%)

年 份	产出增长率	资本增长率	资本增长对产出的贡献	劳动增长率	劳动增长对产出的贡献	MFP增长率	MFP增长对产出的贡献
1971—1975	4.8	4.1	85.4	-0.7	-14.6	1.4	29.2
1976—1980	4.9	2.2	44.9	0.8	16.3	1.9	38.8
1981—1985	3.3	1.9	57.6	0.6	18.2	0.8	24.2
1986—1990	5.2	2.3	44.2	0.4	7.7	2.5	48.1
1991—1995	1.5	1.6	106.7	-0.5	-33.3	0.4	26.7

注:此表根据日本文部科学省科技白皮书整理。

目前公认亚洲四小龙实现现代化(人均GDP为4000美元,1980年可比价)大约是在20世纪60—80年代,即使是在这一阶段,TFP也没有高过50%,其中新加坡只有14%(表3-9)。

表3-9 1960—1989年亚洲四小龙MFP增长率及其对产出的贡献率(%)

国家和地区	产出增长率	MFP增长率	MFP增长对产出的贡献
新加坡	8.5	1.2	14.0
韩 国	10.4	3.1	29.8
台 湾	9.6	3.8	39.2
香 港	7.3	3.6	49.9

注:资源来源于世界银行。

通过经验数据可见，TFP 贡献率不宜高于 50%，长期高于这个"度"，不是测算过程出现问题，就是要素投入与经济产出关系出现严重失衡。

3.11　不同"贡献"的结合应用

在经济统计中的"贡献"与"比重"和"份额"具有相同的内涵。经常使用的是对总量的贡献和对增长量的贡献两种，特别是后者最为常用，被称为对增长的贡献。

某时期第三产业增加值对 GDP 的贡献达到百分之多少，与某时期第三产业增加值增长对 GDP 增长的贡献达到百分之多少，意思是不一样的。前者是第三产业的产出占经济产出比重，或是第三产业产出占经济产出份额（表3-10）；后者是第三产业产出增长量占经济产出增长量比重，或是第三产业产出增长量占经济产出增长量份额。

表3-10　各产业增加值对GDP贡献

	2010年（亿元）	2018年（亿元）	2010年对总量贡献(%)	2018年对总量贡献(%)	2018年增量（亿元）	对增长量贡献(%)
GDP	412119.3	900309.5	100.0	100.0	488190.2	100.0
第一产业	38430.8	64734.0	9.3	7.2	26303.2	5.4
第二产业	191629.8	366000.9	46.5	40.7	174371.1	35.7
第三产业	182058.6	469574.6	44.2	52.2	287516.0	58.9

注：数据来源《中国统计年鉴》。

但科技进步贡献率和上述两个"贡献"的含义有所不同，它是对产出增长速度的贡献。理论上，统计上对产出增长速度的贡献应该与对产出增长量的贡献相一致，可科技进步速度不是直接计算得到的，而是经济产出增长速度扣除资本投入影响经济产出增长速度和劳动投入影响经济产出增长速度之后的"余值"。因而，科技进步的"贡献"完全由经济产出速度和要素投入速度的快慢所决定：当要素投入速度不变时，经济产出速度越快，科技进步贡献率就越高；当经济产出速度不变时，要素投入速度越快，科技进步贡献率就越低。

因此，在进行经济体间或区域间比较时，需要结合"贡献额"进行分析才更为客观。如利用某一时期安徽和福建2个省政府统计数据进行测算，安徽的"贡献率"要高于福建，但福建的"贡献额"明显大于安徽，对经济增长的"贡献"要"实惠"得多。再看新疆，"贡献率"和福建相差不大，但是"贡献额"却只约相当于福建的1/4（表3-11）。

表3-11 安徽、福建和新疆TFP测算和比较

指标名称	安徽	福建	新疆
GDP增长（%）	8.61	8.74	8.01
资本增长（%）	12.35	14.01	15.98
劳动增长（%）	0.10	0.92	0.18
资本影响经济增长（%）	5.60	5.46	5.45
劳动影响经济增长（%）	0.06	0.56	0.12
TFP增长（%）	2.96	2.71	2.45
资本贡献率（%）	65.02	62.50	67.96
劳动贡献率（%）	0.70	6.50	1.50
TFP贡献率（%）	34.33	31.05	30.55
TFP贡献额（亿元）	395.91	616.97	160.67

第四章 其他测算方法

第三章讨论了由 C-D 生产函数推导出的最基本的 TFP 测算模型,即索洛方程。在索洛的理论和测算方法提出后的几十年中,有许多学者针对索洛方程的"缺陷"提出了形形色色的改进模型,而这些改进模型又不断地被后来者"改进"或"否定"。在这些似乎都不太合适的模型中,面对现实该如何做出抉择呢?这对任何人来讲也是十分费解的问题。

我们可以通过理论溯源和测算思路的不同,将测算方法分成三类。第一类为基于索洛方程的测算方法,这类方法的特点就是算"余值",并遵守规模报酬不变的约定。第二类为计量经济学方法,这类方法的特点是可根据不同需要增加或调整变量,且不必遵守规模报酬不变的约定。第三类为数学规划方法。近年来,运用计量经济学方法或数学规划方法进行生产率研究的越来越普遍,这与这些方法的广泛适用性有着密切的关联。

索洛模型的理论基础是经济学的三要素理论,这几乎成为经济学的公理。因此,索洛模型只能严格地反映要素投入与产出的关系。再有索洛模型要求产出与投入之间具有对应关系,如果产出变量选择增加值,投入变量只能选择资本投入和劳动投入;如果产出变量选择反映总产出,投入变量就需要选择资本投入、中间投入(中间投入可以进一步分解)和劳动投入。这是与经济学理论严格对应的投入、产出关系。

计量经济学方法则有所不同,解释变量和被解释变量没有严格的对应,只需在定性分析基础上选择解释变量,建立起依存关系模型,然后通过各种假设检验给予确认,以判断解释变量的独立性,以及对被解释变量影响具有一定的显著性，而不需要对解释变量的个数进行约束。我们经常看到在模型中除资本、劳动外加入更多的解释变量，如反映研发投入的变量、反映人力资本的变量、反映资源环境的变量等。

第三类为数学规划方法，这类方法的特点是基于"前沿"的测算，即基于最大可能产出的测算，且不存在参变量。规划方法的特点是可以进行多投入、多产出的测算，这大大增加了生产率研究的灵活性和适用性。近年来，在生产率研究中加入各种创新变量或环境变量的研究层出不穷。规划方法还有一个重要特点，即测算结果"天然"具有判别标准，无论什么样的数据输入，结果都会在1（或100%）左右波动。

当然还可以有另外一类，就是不同类方法的"混搭"，如求解索洛方程参数时采用计量方法，或增设反映"前沿"的变量及其他变量等。

《OECD手册》把测算方法划分为参数方法和非参数方法，只是将基于索洛方程的测算按求解参数方式的不同进行的划分，用计量方法求解称为参数方法，其他称为非参数方法。其实，数学规划方法不需要求解参数，在当前学术研究中也把它当成非参数方法。

《OECD手册》指出，经济计量方法主要是学术研究者更为常用的工具[①]。用计量

---

① 测算生产率的经济计量方法必须以大量产出和投入的观测数据为基础，它避免了生产弹性和收入份额间存在关联的假定，这个假设可能符合也可能不符合现实。事实上，研究者可以通过经济计量方法检验这种关系。而且，经济计量方法甚至可以考虑调整成本（成本调整得越快，要素投入变化带来的成本就越高）和生产能力利用率变化。进一步地，也可以通过经济计量方法研究技术变化的不同形式，而不只是采用基于指数方法的希克斯中性公式，或不用事先假定规模报酬不变的生产函数。关于经济计量方法的文献非常多，综合模型的例子可见 Morrison（1986）或者 Nadiri 等（2001）。

然而所有这些可能性都是有代价的。完全成熟的模型增加了经济计量问题的复杂性，有时还会出现令人质疑的结果。研究者被局限在研究样本的范围内，为了提高估计的自由度还不得不重新回到原始的假定条件下（如规模报酬不变）。对于注重定期生产率发布的统计机构来说，复杂的经济计量方法没有什么吸引力，因为：i）更新数据时需要对（一系列的）等式全部重新估计；ii）这种方法的复杂性对多数测算者来说是困难的；iii）需要大量数据使得结果的即时性受到影响。

Hulten（2001）指出，经济计量方法和指数方法并非彼此排斥，他引用了两种方法共同发挥作用的例子来证明他独到的建设性意见。尤其是当经济计量方法用于进一步解释生产率剩余时，能够减少"我们无知的测度"中的剩余项，从而说明两种方法是相辅相成的。

经济学方法做学术研究进行探索是可以的,但并非实际测算并定期发布生产率动态所需要的成熟方法。这是因为,计量经济学模型通常是建立在多种假设的前提之下,而且各种检验只是提供了影响显著的可能性,而不能保证其必然性。现有计量经济学模型也存在局限性,不可能对解释变量与被解释变量之间一些较为复杂的非线性关系进行较好的模拟。再有,就是前文曾提及的,随着时间序列的延续,模型参数会发生变化,导致前期的结果会发生程度不同的变化,从而缺乏测算结果的公信力。

4.1 KLESM模型

在TFP的实际测算中,需要考虑要素投入变量与产出变量之间的对应关系。一般的测算多采用增加值作为产出变量,由于增加值是总产出扣除中间投入后的最终产出,因而对应的要素投入变量应为固定资本投入量和劳动投入量。如果采用总产出作为产出变量,对应的投入变量还应加入反映中间投入的变量。中间投入变量可以作为一个变量,也可以拆分为多个变量,如可以拆分为能源(Energy)、原材料(Material)、服务(Service)等变量。以总产出(Q)为产出变量,与资本(K)、劳动(L)、能源(E)、原材料(M)、服务(S)等建立的生产率模型:

$$Q=F(K,L,E,M,S)=AK^{b_1}L^{b_2}E^{b_3}M^{b_4}S^{b_5} \quad (4-1)$$

称为KLESM模型。其中,b_1,b_2,b_3,b_4,b_5分别为K,L,E,M,S的弹性系数,为了遵守规模报酬不变的设定,这些弹性系数之和等于1。

求解KLEMS模型的思路和步骤与传统的索洛余值法一样,求全微分,得到:

$$A=Q-b_1K-b_2L-b_3E-b_4M-b_5S \quad (4-2)$$

然后采取同样的方法,如回归法、比值法、经验估计法等确定弹性系数(权重)后,再计算出余值即可。

将增加值或总产出设为产出变量各有优劣,前者简单明了,数据取得也容易,但会忽略中间投入,即能源、材料、服务等对资本和劳动的替代作用。而基于总产出的 KLEMS 模型可以克服这一缺陷,从经济理论上也更为符合希克斯中性的假设。因此,国际上许多知名学者不遗余力地推广 KLEMS 模型,并成立了 KLEMS 组织,相关内容在第六章将有更为系统的讨论。

以上讨论的是从生产函数到 TFP 的最基本的 TFP 测算路径,但实际的测算并不简单,从这一基本测算路径出发还存在多种多样的测算方法等待着我们选择。此外,假设我们有反映经济产出、资本投入和劳动投入的历史数据,也不意味着代入 TFP 模型后测算即可大功告成,还需要在多种多样但又都不太合适的数据中,选择一组较为合适的数据,这对任何人来讲都是很困难的事情。

4.2 加入无形资本变量的测算[①]

4.2.1 有形资本和无形资本

国内外一些学者认为,在现实的经济增长过程中,许多技术变化来自并依赖于产生创新所使用的资本。这些创新资本往往以无形资本的形式存在,如通过研发、员工培训等活动再作用于现有资本存量、投资和产出等。因此,科技进步实际是由经济系统中的经济组成元素(如企业)的行为决定,是内生的而不是经济系统环境外生决定的。内生技术进步是内生经济增长的一个重要源泉,这也是罗默等提出的新经济增长理论的核心观点。

随着高新技术和知识经济的高速发展,对创新的投资或者说对知识的投资占有越来越高的比重,若用经典的索洛模型测算科技进步贡献,实际上忽略了科技进步贡献的重要部分——创新资本投入对经济增长的贡献,从而低估了科技进步的贡献。

为了考虑无形资本投入对创新和经济增长的影响,欧盟委员会在第七框架

---

① 王利政,高昌林,朱迎春,等.加入无形资本因素对科技进步贡献率测算的影响 [C]// 中国科学技术指标研究会.中国科技指标学术研讨会论文集.2011,科学技术文献出版社,2012.

计划第 9 主题社会人文科学下设立了"欧洲竞争力、创新和无形投资"专项研究计划（COINVEST，Competitiveness，Innovation and Intangible Investment in Europe），该项目为期两年半，始于 2008 年 4 月，项目由英国、法国和德国等来自欧盟 6 个国家及美国专家组成的研究小组负责执行，项目组长由伦敦帝国理工学院 Jonathan Haskel 教授担任，其研究成果为探索科技进步贡献的测算方法提供了新思路。

判断引入无形资本的原则是：今天的投入是否能对未来（一年后）的收益产生影响，如 R&D 投资可以使科学知识积累增加，员工教育培训可以使员工掌握的知识增加等，这些对知识的投资将会使企业在未来得到收益。根据此原则，Haskel 等将无形资本投入分为三大类，包括电子信息、创新资产和提升经济竞争力的资产（表 4–1）。从具体的细类看，当时只有计算软件和数据库投资、矿产勘探、版权和许可支出在国民核算账户中作为资本进入核算，其他类别的无形资产均作为中间投入未体现在 GDP 核算中。

表4–1　无形资产投入的类型[①]

无形资产类型	细类	目前国民经济账户中的处理
电子信息	1. 计算机软件 2. 计算机数据库	作为资本投入
创新资产	1. 自然科学的 R&D 2. 矿产勘探 3. 版权和许可支出 4. 金融行业新产品开发 5. 新的建筑和工程设计 6. 社科人文的 R&D	只有 2、3 作为资本投入
提升经济竞争力	1. 品牌声誉资本（广告、市场研究） 2. 企业提供的人力资本（培训等） 3. 企业的组织资本	没有作为资本投入

① 认真分析可发现，即使表中未作为资本投入的类别，其实也不完全是中间投入，如自然科学的 R&D 和社科人文的 R&D，根据《弗拉斯卡蒂手册》，R&D 经费支出中包含有资本支出和劳务支出。

考虑无形资本投入，资本投入中就增加了无形资本的投入 K^{INTAN}，生产函数变形为下式：

$$Y=Af(L, K^{TAN}, K^{INTAN}) \quad (4-3)$$

增长方程就可表示为：

$$Y=A+\alpha K^{TAN}+\beta L+\gamma K^{INTAN} \quad (4-4)$$

科技进步贡献率可相应表示为：

$$\frac{A+\gamma K^{INTAN}}{Y} \times 100\% = 100\% - \alpha \times \frac{K^{TAN}}{Y} \times 100\% - \beta \times \frac{L}{Y} \times 100\% \quad (4-5)$$

根据 Haskel 等对英国的测算，引入无形资本投入的科技进步贡献较未引入的结果有显著提高。

4.2.2 引入R&D变量的测算

英国等 OECD 国家定期开展全国创新调查及其他诸如国家雇员技能调查，能够为无形资本测算提供相关数据，COINVEST 项目组对无形资产的分类，以及对不同类型无形资产折旧的比率是建立在英国 2004 家企业的调查基础上的，而我国迄今尚无能够满足测算数据要求的类似调查，对于品牌声誉资本（包括广告、市场研究支出）、企业的员工培训支出、企业的组织资本等难以获得相应的统计数据。此外，如计算软件和数据库投资、矿产勘探、版权和许可等数据，从官方公开渠道也较难获取，模仿上述测算在我国难以实现。

但我国科技统计调查制度可以为此类测算提供较为翔实的 R&D 数据，如果将 R&D 活动支出作为无形资本的代表变量具有其特殊作用。我国地域辽阔，各地区之间差异较大，特别是在创新驱动发展上，发达地区多表现为创新能力的溢出大于吸纳，欠发达地区多表现为创新能力的吸纳大于溢出，这在 R&D 经费支出上表现得十分明显，沿海发达地区 R&D 经费支出规模大、强度高，而欠发达地区则与此相反，这说明欠发达地区有一部分创新产出来源于发达地区，是发达地区较强的创新能力为欠发达地区做出了一部分贡献。因此，可利用和仿效引入无形资本变量的思路和做法，在增长速度方程中加入调整项用于对创新贡献的区域调整，即：

$$y=a+\alpha k+\beta l+\gamma r \tag{4-6}$$

将 a 和 γr 看作余值，则：

$$a+\gamma r=y-\alpha k-\beta l \tag{4-7}$$

那么，科技进步贡献率为：

$$\frac{a+\gamma r}{y}\times 100\%=100\%-\alpha\times\frac{k}{y}\times 100\%-\beta\times\frac{l}{y}\times 100\% \tag{4-8}$$

式中，r 为 R&D 经费支出增长速度，γ 为 r 的权重。

这里需要讨论的是 γ 的确定，以及 γ 与 α 和 β 之间的关系。

考虑到区域创新能力和对全国整体的贡献，可将 γ 设为地区 R&D 经费支出占全国 R&D 经费支出的比重，即：

$$\gamma=\frac{\text{地区 R\&D 经费支出}}{\text{全国 R\&D 经费支出}} \tag{4-9a}$$

γ 与 α 和 β 之间的关系可有 2 种处理方法。一种是仍然保持 $\alpha+\beta=1$ 不变；另一种是考虑到 R&D 经费支出与资本投入之间的关系，在原有的 β 中将 γ 扣除，即：

$$\beta=\beta'+\gamma \tag{4-9b}$$

式中，β' 为引入 R&D 变量后资本投入速度的权重，这等于将原来资本投入对产出影响分割出一部分归于综合要素的影响。

如果从逻辑上深究，第一种方法较传统的增长速度方程多出一部分 γr，等于在规模报酬不变下综合要素的作用凭空增加了一部分，于情于理是说不通的。第二种方法等于将原来要素投入的作用抠出一部分加在了综合要素作用上，于情于理也不能自圆其说。

其实，应将无形资本作为独立变量纳入 TFP 测算，将其看作一种有益的试验比较合理。因为无论从会计核算还是统计核算，无形资本和有形资本一样，都是资本的一部分①，并没有在资本之外还有一个反映无形资本的指标。无形资本的形成也是有成本的，将其作为"余值"不符合经济学逻辑。

特别是随着"国民账户体系2008"（SNA2008）的发布和推广实施，R&D投入的归属有了重大调整，原来的"SNA1993"的"无形固定资本"更名为"知识产权产品"，设在固定资本下，"R&D 支出"设为知识产权产品下的一个子目录。这样，R&D 投入纳入了固定资本投入（固定资本形成②），成为 GDP 的组成部分。国内政府统计部门随即按这一修订对历史数据进行了调整，将 R&D 经费内部支出计入 GDP③。可见，无论从经济核算理论上，还是从实际统计核算上，R&D 都无法代替无形资本作为要素投入之外的投入纳入 TFP 测算了。

4.3 超越对数生产函数

增长速度方程依据 C-D 生产函数只需求解出一组 α 和 β，就可以求出所有年份的 TFP。如果时间序列呈线性增长且较为平稳，拟合的效果就会好一些，如果时间序列为非线性增长或波动较大，拟合的效果就会较差，如果使用超越对数生产函数求解出各年度的 α_t 和 β_t（$t=1, 2, \cdots, n$）就能够较好地解决拟合问题。

用超越对数函数研究生产率问题是美国经济学家 Jogenson 在 20 世纪 80 年代对生产率理论与测算方法做出的最为突出的贡献。在 20 世纪 90 年代，李京文

---

① 固定资本形成总额原定义为：指常住单位在一定时期内获得的固定资产减处置的固定资产的价值总额。固定资产是通过生产活动生产出来的，且其使用年限在一年以上、单位价值在规定标准以上的资产，不包括自然资产。可分为有形固定资本形成总额和无形固定资本形成总额。有形固定资本形成总额包括一定时期内完成的建筑工程、安装工程和设备工器具购置（减处置）价值，以及土地改良、新增役、种、奶、毛、娱乐用牲畜和新增经济林木价值。无形固定资本形成总额包括矿藏的勘探、计算机软件等获得减处置。

② 固定资本形成总额的新定义：指常住单位在一定时期内获得的固定资产减处置的固定资产的价值总额。固定资产是通过生产活动生产出来的，且其使用年限在一年以上、单位价值在规定标准以上的资产，不包括自然资产、耐用消费品、小型工器具。固定资本形成总额包括住宅、其他建筑和构筑物、机器和设备、培育性生物资源、知识产权产品（研发支出、矿藏的勘探、计算机软件）的价值获得减处置。

③ 2017 年 7 月，国务院批复同意《中国国民经济核算体系（2016）》，国家统计局将能为所有者带来经济利益的 R&D 支出作为固定资本形成计入 GDP。经测算，R&D 支出资本化后每年可增加 1.3% 左右的 GDP。

领导的课题组曾与 Jorgenson 合作，对中、日、美 3 国的 TFP 进行比较研究，在国内首次应用了超越对数生产函数。

超越对数生产函数为：

$$Y=\exp\left[a+\alpha_L\ln L+\alpha_K\ln K+\frac{1}{2}\alpha_{KK}\ln^2 K+\alpha_{KL}(\ln K)(\ln L)+\frac{1}{2}\alpha_{LL}\ln^2 L\right] \quad (4-10)$$

线性化后，得到：

$$\ln Y_t=a+\alpha_K\ln K_t+\alpha_L\ln L_t+\frac{1}{2}\alpha_{KK}\ln^2 K_t+\alpha_{KL}(\ln L_t)(\ln K_t)+\frac{1}{2}\alpha_{LL}\ln^2 L_t \quad (4-11)$$

当 $\alpha_{LL}=\alpha_{KK}=\alpha_{KL}=0$ 时，上式就是 C-D 函数。显然，C-D 生产函数实际上是超越对数函数在二次项为 0 时的一种特殊形式。

利用超越对数求解 α_t 和 β_t 方法如下：

对式（4-11）求偏导，得到：

$$S_{K_t}=\alpha_K+\alpha_{KK}\ln K_t+\alpha_{KL}\ln L_t$$
$$S_{L_t}=\alpha_L+\alpha_{LL}\ln L_t+\alpha_{KL}\ln K_t \quad (4-12)$$

将投入和产出数据代入，归一化后资本和劳动的弹性系数分别为：

$$\alpha_t=\frac{S_{K_t}}{S_{K_t}+S_{L_t}};\quad \beta_t=\frac{S_{L_t}}{S_{K_t}+S_{L_t}}$$

第 t 期的 TFP 为：

$$a_t=y_t-\alpha_t k_t-\beta_t l_t \quad (4-13)$$

表 4-2 为利用 1981—2010 年数据做的利用超越对数函数求解弹性系数的示例。

表4-2　超越对数函数求解弹性系数示例

年　份	S_{Lt}	S_{Kt}	α_t	β_t	年　份	S_{Lt}	S_{Kt}	α_t	β_t
1981	314.4	394.9	0.4432	0.5568	1984	321.3	398.5	0.4464	0.5536
1982	316.5	396.2	0.4441	0.5559	1985	324.1	399.7	0.4478	0.5522
1983	318.7	397.1	0.4453	0.5547	1986	327.1	400.8	0.4494	0.5506

续表

年份	S_{Lt}	S_{Kt}	$α_t$	$β_t$	年份	S_{Lt}	S_{Kt}	$α_t$	$β_t$
1987	330.1	401.8	0.4510	0.5490	1999	366.4	413.0	0.4701	0.5299
1988	333.2	402.9	0.4526	0.5474	2000	369.5	413.3	0.4720	0.5280
1989	335.3	403.6	0.4538	0.5462	2001	372.6	413.7	0.4739	0.5261
1990	337.2	404.5	0.4547	0.5453	2002	376.0	413.9	0.4760	0.5240
1991	339.4	405.5	0.4556	0.5444	2003	379.9	414.1	0.4785	0.5215
1992	341.4	409.9	0.4544	0.5456	2004	384.2	414.4	0.4811	0.5189
1993	345.2	410.3	0.4569	0.5431	2005	388.5	414.5	0.4838	0.5162
1994	349.1	410.8	0.4594	0.5406	2006	393.0	414.7	0.4866	0.5134
1995	352.9	411.2	0.4619	0.5381	2007	397.4	414.8	0.4893	0.5107
1996	356.6	411.6	0.4642	0.5358	2008	401.7	415.9	0.4913	0.5087
1997	360.0	412.0	0.4663	0.5337	2009	406.9	415.1	0.4951	0.5049
1998	363.3	412.6	0.4682	0.5318	2010	411.8	415.2	0.4980	0.5020

数据来源：历年《中国统计年鉴》。

作为学术研究，用超越对数函数求解弹性系数无疑是比普通C-D函数更为细致合理的方法，但超越对数函数方法也属于参数方法，同样存在参数方法共同的问题。一是也有可能出现弹性系数为负，这很难从经济学意义上做出合理解释。二是随着时间序列的延长，也需要建立新的模型重新求解 $α_t$ 和 $β_t$，这等于要不断修改原来的TFP。

4.4 随机前沿生产函数（SFA）

4.4.1 技术变化、技术效率和生产可能性前沿

科学技术可以促进生产率的提高，这句话其实只说对了一半。在微观经济领域，通过研发并应用了先进技术却负债累累最终破产的事例并不鲜见。确切

地说，应该是科学技术为提高生产率提供了大大的可能性。从数量经济分析的角度，称为改变了生产可能性前沿（又称为生产可能性边界）。至于现实如何，还要具体情况具体分析。

经济学认为在一定的技术水平和外部条件下，根据要素投入量能够估算出最大可能产出，由不同的要素投入量测算出的最大可能产出可以绘出一条曲线，这条曲线就代表了在一定技术条件下的生产可能性前沿。图4-1中A_t点和A_{t+1}点是不同投入（X）下的实际产出（Y），而A'_t点和A'_{t+1}点形成的曲线就是生产可能性前沿。如果技术水平发生变化，生产可能性前沿也会发生变化，由A'_{t+1}改变为B'_{t+1}。生产可能性前沿发生了改变，实际产出才有可能突破原有的生产可能性前沿而达到新高度。这就是熊彼特所说："建立一种新的生产函数"。从实际产出看，如果技术不发生变化，从A_t到A'_t，产出只发生了规模上的变化H_1；如果技术发生变化，产出除发生规模变化外，还发生了H_2+H_3变化，这就是生产率变化导致的产出变化。

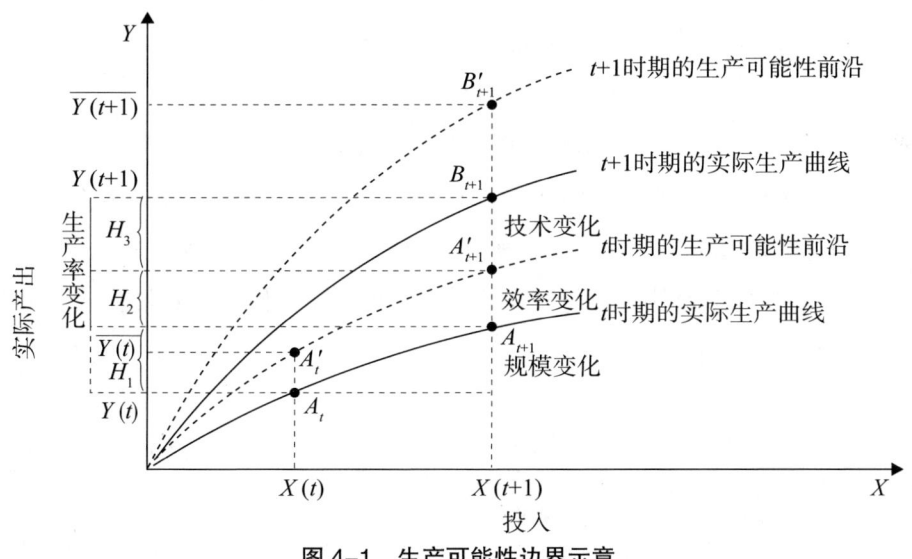

图4-1 生产可能性边界示意

依据这样的理论，经济学家试图将综合要素的作用进行分解，进一步分析各种因素与生产率变化之间的因果联系，特别是对生产率变化分解为技术变化（Technical Change）和技术效率[①]（Tachnically Efficient）做了许多有益的尝试。技术变化指的是由于新技术的应用使生产可能性前沿发生变化而引起的生产率变化，又称为纯技术变化；技术效率指的是在一定的生产可能性前沿下，由于其他因素的变化引起的生产率变化，也就是由非技术变化因素引起的生产率变化。图 4-1 中生产率变化分解为技术变化 H_3 和技术效率变化 H_2 这两个部分。需要说明的是，图中有关技术变化和技术效率的标注只是直观而粗略的表示，并不严格和严谨，因为技术变化和技术效率变化并非相互独立的因素，它们总是有机地对生产率产生影响。

4.4.2 随机前沿生产函数

依据生产可能性前沿理论，将 C-D 生产函数改进，形成随机前沿生产函数：

$$Y_t = A_t K_t^\alpha L_t^\beta e^{\mu_t} \tag{4-14}$$

与 C-D 生产函数比较，模型的右边多了一项 e^{μ_t}，称为技术效率，定义为实际产出与最大可能产出（生产可能性前沿）的比率：

$$e^{\mu_t} = \frac{实际产出}{最大可能产出} = \frac{Y_t}{Y_t^*} \tag{4-15}$$

当 $\mu_t = 0$ 时，表示处于生产可能性前沿上；当 $\mu_t \leq 0$ 时，表示技术非效率[②]（或称为技术无效），因此可以用 μ 的变化率 μ' 来反映技术效率变化率。

求解要素弹性系数的方法与原来的索洛方程相同，如果用回归法，将式（4-14）线性化，得到：

[①] 注意到一些经济学文献认为生产率和效率的含义是不同的。"在过去 10 年中，媒体上各类评论频繁地使用生产率（Productivity）与效率（Efficiency）这两个术语。不幸的是，这两个术语经常被交替使用，而它们的含义并不等同"。（科埃利，拉奥，奥唐纳，等. 效率与生产率分析引论［M］. 王忠玉，译. 2 版. 北京：人民大学出版社，2008.）笔者认为这是语言互译产生的问题。有关语言互译产生的类似问题在经济学文献中经常存在，如我们常用的 GDP，译为国内生产总值，其实 Domestic 在这里并不完全是国家的意思。

[②] 技术非效率实际上是没达到最优效率的意思，是相对于技术有效（Technically Efficient）而言的，只要不在生产边界上就都是技术非效率。

$$\ln Y_t = \ln A_t + \alpha \ln K_t + \beta \ln L_t + \mu_t \quad (4-16)$$

即可得到一组弹性系数。

其实通过测算可证明,这对弹性系数与原生产函数的弹性系数是相同的。

对式(4-16)两边求全微分得到:

$$Y_t = a_t + \alpha K_t + \beta L_t + \mu'_t \quad (4-17)$$

即:

$$a_t + \mu'_t = Y_t - \alpha K_t - \beta L_t \quad (4-18)$$

式中,μ'_t 为技术效率变化率,a_t 为技术进步率。a_t 与原来索洛方程的 a 之间的关系为 $a = a_t + \mu'_t$。

随机前沿生产函数似乎是较传统的索洛方程更为理想的测算方法,可进一步深究就会发现围绕最大可能产出存在一些难解的问题。

一是在实际应用中怎样确定最大可能产出。通过对研究文献的梳理,处理方式不外乎以下几种:

①通过不同空间的比较。如不同厂商之间进行比较,或者不同区域之间进行比较,从而得到最大产出数据。数据包络分析就是基于这一思路的方法。

但许多学者对此提出疑问。由于不同经济体在技术水平、发展环境、产业结构等方面的差异,一定会存在或多或少的可比性问题。在现实的经济研究中经常会遇到这种情况,落后经济体由于经济总量少,实际产出与最大产出比值相对较大,发达经济体由于经济总量大,其比值反而相对较小。此外,现实的最大产出只会随着技术变化而增加,至少不会降低。但通过面板数据得到不同时期不同经济体的最大可能产出是会发生波动的,常会出现降低,从经济学上无法解释当期技术水平低于上期技术水平的状况,就会形成非常尴尬的测算结果。

②通过最大似然估计。首先依据技术效率项 μ_t 和随机干扰项的密度函数构造似然函数,并假设分别服从半正态分布和正态分布 Aigne 等(1977),然后通过最大似然估计求解出资本和劳动的弹性系数,以及随机干扰项和效率项的方差参数。结合

这 2 个参数，Battese 等（1988）提出了最佳的效率求解公式，据此便可以求解出效率值。进一步，可以计算出最大可能产出以及 LFP 速度。

从以上的讨论可见，最大似然估计方法过于复杂，依据的是一连串的假设，且仍然没有摆脱估计的思路。最大产出并没有一个权威的"定制"，技术效率变化率就成了模型的一个"调节器"，任何研究者都可通过这个"调节器"来获得较满意的测算结果。

③事物本身存在最大值。有些教科书举出学生成绩为 100 分的实例。

二是 C-D 函数模拟的是实际的要素投入和产出的关系，而观察随机前沿生产函数，由于 $\frac{Y_t}{e^{\mu_t}} = Y_t^*$，将式（4-14）变形为：

$$Y_t^* = A_t K^\alpha L^\beta \qquad (4-19)$$

可见，已改变为最大可能产出与要素投入之间的生产函数了。在要素投入对产出保持原有影响的前提下，这一变化导致 A 不再是实际生产率的变化，而是基于最大可能产出的"理想"生产率的变化了。

Solow 创建的综合要素生产论和余值法，是对现实的生产率进行测算，而不是对"理想"的生产率进行测算。其内在逻辑是将要素投入对产出影响之外的所有实际产出变化全部归结为综合要素的影响，不论是技术变化的影响还是技术效率的影响都应包括其中，而不是在综合要素影响之外再增加一个技术效率。而通过随机前沿生产函数生成的生产率模型看：

$$A_t = \frac{Y_t}{K_t^\alpha L_t^\beta e^{\mu_t}} \qquad (4-20)$$

要素投入被 e^{μ_t} "打了个折扣"，要小于原来要素投入的作用了，现在的 A_t 在一般情况下（除非当 $\mu_t = 0$ 时）要大于原来增长速度方程的 A 了。这实际是把原来属于要素投入影响产出变化的一部分，"转移"到综合要素引起的变化中来了。

4.5 数据包络分析

将 TFP 对产出的影响分解为技术变化和技术效率变化的方法有两个路径，一个是前面讨论过的随机前沿分析（SFA），另一个是数据包络分析（Data Envelopment Analysis，DEA）。有些人根据 SFA 方法的特点，即需要用计量方法估计生产函数的弹性系数（参数），将其归属于参数方法，而 DEA 方法是利用线性规划方法建立距离函数，不存在参数，将其归属于非参数方法[①]。

4.5.1 DEA–Malmquist 生产率指数

DEA 模型一般与 Malmquist 指数结合，称为 DEA-Malmquist 生产率指数（通常简称为 Malmquist 指数或 M 指数）。进入新世纪以来，特别是近年来 Malmquist 指数的应用引起国内学者的广泛兴趣。

Malmquist 指数是以距离函数为基本工具定义的。距离函数可以从投入和产出 2 个不同的角度给出，投入距离函数描述了在给定产出水平下，保持生产可能性集合不变，使生产中投入量减少的因素；产出距离函数描述了在给定投入水平下，保持生产可能性集合不变，使生产中产出量增长的因素。在实践中多使用的是产出距离函数[②]。

对于 Malmquist 指数较为规范的描述为：对于一个投入产出系统，假设有 N 个生产要素投入，M 个产出，投入集合为 $x \in \mathbf{R}_+^n$，产出集合为 $y \in \mathbf{R}_+^m$，S 为生产技术，θ 为达到生产前沿面时产出要素的增长率，则可定义产出距离函数：

$$D_0(\boldsymbol{x}, \boldsymbol{y}) = \inf\{\theta : (\boldsymbol{x}, \boldsymbol{y}/\theta) \in S\} \quad (4\text{-}21)$$

从 t 时期到 $t+1$ 时期，Malmquist 生产率指数可以表示为：

$$M_0^{t+1}(x^{t+1}, y^{t+1}, x^t, y^t) = \left[\frac{D_0^t(x^{t+1}, y^{t+1})}{D_0^t(x^t, y^t)} \frac{D_0^{t+1}(x^{t+1}, y^{t+1})}{D_0^{t+1}(x^t, y^t)}\right]^{\frac{1}{2}} \quad (4\text{-}22)$$

---

① 其实这样的分类不严格，因为随机前沿方法也可以不用计量方法来估计弹性系数。
② Malmquist 指数可以根据投入距离函数来测算，也可以根据产出距离函数测算，但从投入角度和从产出角度计算的结果是不同的。只有在生产技术规模收益不变的前提下，二者才能相等。

式中，(x^t, y^t)，(x^{t+1}, y^{t+1}) 分别表示第 t 时期和 $t+1$ 时期的投入产出向量，D_0^t 和 D_0^{t+1} 分别表示 t 时期和 $t+1$ 时期的距离函数。式（4–22）为几何平均数，是对 t 时期的投入产出变化率和 $t+1$ 时期的投入产出变化率进行几何平均，这是与其他测算生产率的思路相一致的[①]。

该指数的重要应用特点是还可进一步分解为规模报酬不变假定下的技术效率变化与技术变化的乘积。这需要对式（4–22）进行配方[②]，得到：

$$M_0^{t+1}(x^{t+1}, Y^{t+1}, x^t, Y^t) = \frac{D_0^{t+1}(x^{t+1}, y^{t+1})}{D_0^t(x^t, y^t)} \left[\frac{D_0^t(x^{t+1}, y^{t+1})}{D_0^{t+1}(x^{t+1}, y^{t+1})} \frac{D_0^t(x^t, y^t)}{D_0^{t+1}(x^t, y^t)} \right]^{\frac{1}{2}}$$

$$= EC \times TP$$

$$= 技术效率变化 \times 技术变化 \tag{4–23}$$

4.5.2 技术效率和配置效率

技术变化在前面已经做了理论意义上的解释，它的作用是提供了突破原有生产可能性前沿，达到新的生产可能性前沿的可能性。不过，在生产可能性前沿发

---

① 《OECD 手册》认为，生产率是从 t 期至 $t+1$ 期的变化，因此必要时要考虑到 2 个时期的因素，需要进行算术平均或几何平均处理。

② 具体配方步骤如下：

$$\text{TFP} = \left[\frac{D_0^t(x^{t+1}, y^{t+1})}{D_0^t(x^t, y^t)} \times \frac{D_0^{t+1}(x^{t+1}, y^{t+1})}{D_0^{t+1}(x^t, y^t)} \right]^{\frac{1}{2}}$$

$$= \left[\frac{D_0^{t+1}(x^{t+1}, y^{t+1}) \times D_0^{t+1}(x^{t+1}, y^{t+1})}{D_0^t(x^t, y^t) \times D_0^t(x^t, y^t)} \times \frac{D_0^t(x^t, y^t)}{D_0^{t+1}(x^t, y^t)} \times \frac{D_0^t(x^{t+1}, y^{t+1})}{D_0^{t+1}(x^{t+1}, y^{t+1})} \right]^{\frac{1}{2}}$$

$$= \left[\frac{[D_0^{t+1}(x^{t+1}, y^{t+1})]^2}{D_0^t[(x^t, y^t)]^2} \times \frac{D_0^t(x^t, y^t)}{D_0^{t+1}(x^t, y^t)} \times \frac{D_0^t(x^{t+1}, y^{t+1})}{D_0^{t+1}(x^{t+1}, y^{t+1})} \right]^{\frac{1}{2}}$$

$$= \frac{D_0^{t+1}(x^{t+1}, y^{t+1})}{D_0^t(x^t, y^t)} \times \left[\frac{D_0^t(x^t, y^t)}{D_0^{t+1}(x^t, y^t)} \times \frac{D_0^t(x^{t+1}, y^{t+1})}{D_0^{t+1}(x^{t+1}, y^{t+1})} \right]^{\frac{1}{2}}$$

$$= \frac{D_0^{t+1}(x^{t+1}, y^{t+1})}{D_0^t(x^t, y^t)} \times \frac{D_v^{t+1}(x^{t+1}, y^{t+1})}{D_v^t(x^t, y^t)} \times \frac{D_v^t(x^t, y^t)}{D_v^{t+1}(x^t, y^t)} \times \left[\frac{D_0^t(x^t, y^t)}{D_0^{t+1}(x^t, y^t)} \times \frac{D_0^t(x^{t+1}, y^{t+1})}{D_0^{t+1}(x^{t+1}, y^{t+1})} \right]^{\frac{1}{2}}$$

$$= \frac{D_v^{t+1}(x^{t+1}, y^{t+1})}{D_v^t(x^t, y^t)} \times \frac{D_0^{t+1}(x^{t+1}, y^{t+1})}{D_v^{t+1}(x^{t+1}, y^{t+1})} \Big/ \frac{D_0^t(x^t, y^t)}{D_v^t(x^t, y^t)} \times \left[\left(\frac{D_0^t(x^t, y^t)}{D_0^{t+1}(x^t, y^t)} \right) \times \left(\frac{D_0^t(x^{t+1}, y^{t+1})}{D_0^{t+1}(x^{t+1}, y^{t+1})} \right) \right]^{\frac{1}{2}}。$$

生变化的情况下,实际产出有可能最大化,也有可能达不到最大可能产出。有可能虽没有实现新的最大可能产出,但已经突破了原来的生产可能性前沿,也有可能仍然在原有的生产可能性前沿内。

但是还有一种情况值得注意,就是不同的投入虽然都达到了最大可能产出,也就是都处于前沿面上,但它们之间还是有区别的,有些达到了最优配置效率,有些则没有达到最优配置效率。

配置效率(Allocative Efficiency)是与技术变化、技术效率相联系的经济学概念。指的是在要素投入达到最优配置状况下的产出效率。这里的"配置"与经济学中资源配置中配置的含义有所不同,仅指能够达到最优规模的固定成本和可变成本的搭配。任何经济体从这一角度来观察都存在一个最优规模的问题。图4-2中 A_1' 点从生产可能性前沿曲线切过,经济学将此点看作最优规模点,而 A_1、A_2、A_3、A_4 点虽然在生产可能性前沿上,但并非最优规模点,投入产出比(生产率)要低于 A_1 点,配置效率要低一些。

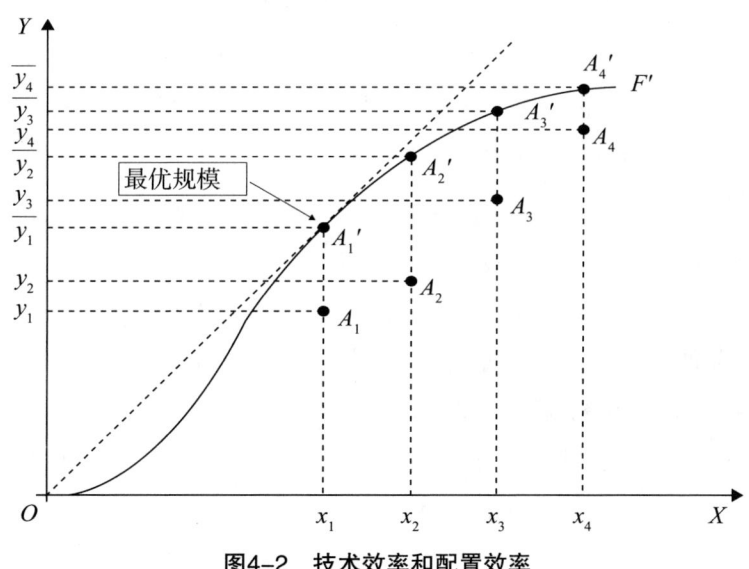

图4-2 技术效率和配置效率

因此,技术效率变化部分可进一步分解为规模报酬不变假定下的纯技术效率变化和规模效率变化:

$$\frac{D_0^{t+1}(x^{t+1}, y^{t+1}|C)}{D_0^t(x^t, y^t|C)} = \frac{D_0^{t+1}(x^{t+1}, y^{t+1}|V)}{D_0^t(x^t, y^t|V)} \left[\frac{D_0^{t+1}(x^{t+1}, y^{t+1}|C)}{D_0^t(x^t, y^t|V)} \frac{D_0^t(x^t, y^t|V)}{D_0^{t+1}(x^{t+1}, y^{t+1}|V)} \right]^{\frac{1}{2}}$$

= 规模不变假定下纯技术效率变化 × 规模效率变化， （4-24）

这样，生产率的变化可以分解为技术变化、技术效率变化和规模效率变化。

进一步观察可见，Malmquist 指数其实是对式（4-22）不断进行配方，经过配方后，为了照顾各部分效率变化的乘积等于总体生产率变化，已经与理论上的技术变化、技术效率变化和规模效率变化不太一致了。技术效率变化实际上是实际产出与最大可能产出比率的变化，进行 t 时期和 $t+1$ 时期的几何平均；纯技术变化实际上是不同前沿面上最大可能产出比率的变化，进行 t 时期和 $t+1$ 时期的几何平均；规模效率变化实际上是同一前沿面上最大可能产出比率的变化，进行 t 时期和 $t+1$ 时期的几何平均。显然，与实际生产率的测算有一定的差距。

4.5.3　Malmquist 指数应用

Malmquist 指数手工计算极为复杂，依靠现成软件计算却十分容易，这也是此方法近年来十分流行的重要原因之一。澳大利亚新英格兰大学经济效率和生产率分析中心（CEPA）的主任 Tim Coelli 教授开发了免费的 DEAP 程序。从该中心的网页上还可以得到一系列技术效率和生产率分析的论文。下载 DEAP 软件说明书的同时，还有一个详细的关于数据包络分析的综述文献，对数据包络分析的技术细节感兴趣者可以详细阅读这个软件说明书。

因为要通过空间比较才能得到前沿面，所以测算要求是面板数据，规范的测算要得到 5 年的平均生产率动态变化，这就需要至少有 6 年的面板数据。

表 4-3 为运用 DEAP 程序，对我国 31 个省（自治区、直辖市）2004—2008 年平均生产率的测算结果。其中：effch 为技术效率指数，反映在既定的技术水平下效率的变化；techch 为技术指数，反映纯技术变化导致的生产率变化；sech 反映规模发生变化导致效率发生的变化；pech 反映了纯效率发生的变化。

从测算结果看，多数地区 5 年平均生产率有所提升（ch ≥ 1），主要原因为纯技术变化有所提升（techch ≥ 1），而技术效率有所下降（techch ≤ 1）。

表4–3 DEAP程序的输出结果

①	② = ④ × ⑤	③	④	⑤	⑥ = ② × ③
firm	effch	techch	pech	sech	生产率 ch
北 京	0.999	1.031	1.001	0.999	1.031
天 津	0.989	1.032	0.998	0.991	1.020
河 北	0.995	1.029	0.999	0.996	1.024
山 西	0.991	1.011	0.991	0.999	1.002
内蒙古	0.957	1.030	0.956	1.000	0.985
辽 宁	0.977	1.029	0.977	0.999	1.005
吉 林	0.950	1.021	0.948	1.002	0.970
黑龙江	0.994	1.029	0.995	0.999	1.022
上 海	1.000	1.062	1.000	1.000	1.062
江 苏	0.976	1.031	1.000	0.976	1.006
浙 江	0.987	1.030	1.001	0.987	1.017
安 徽	0.966	0.999	0.966	1.000	0.965
福 建	0.958	1.000	0.957	1.001	0.957
江 西	0.963	1.019	0.962	1.001	0.981
山 东	0.995	1.026	1.005	0.990	1.021
河 南	0.957	0.999	0.956	1.001	0.956
湖 北	0.994	1.020	0.994	1.000	1.014
湖 南	0.968	0.999	0.968	1.000	0.967
广 东	1.000	1.014	1.000	1.000	1.014
广 西	0.972	0.999	0.972	1.000	0.972
海 南	1.012	1.030	1.022	0.990	1.042
重 庆	0.943	1.029	0.958	0.984	0.971

续表

①	②=④×⑤	③	④	⑤	⑥=②×③
firm	effch	techch	pech	sech	生产率 ch
四川	0.983	0.999	0.983	1.000	0.982
贵州	0.998	0.999	1.000	0.998	0.997
云南	0.982	0.999	0.983	0.999	0.981
西藏	0.987	1.004	1.000	0.987	0.990
陕西	0.988	1.023	0.988	1.000	1.011
甘肃	0.984	1.003	0.985	0.999	0.987
青海	0.989	1.030	0.998	0.991	1.018
宁夏	0.989	1.029	0.993	0.995	1.018
新疆	0.975	1.030	0.981	0.994	1.004
平均	0.981	1.019	0.985	0.996	0.999

注：数据表为 DEAP 程序的输出，①为北京至新疆按地区顺序的排列；② effch——技术效率；③ techch——纯技术变动；④ pech——纯技术效率变动；⑤ sech——规模变动；⑥生产率 ch——生产率总变动。

4.5.4 绿色生产率

在资源稀缺与环境污染问题日益凸显的今天，经济学界和环境学界渐渐认为使用传统的全要素生产率衡量经济发展质量是不够的，还应当考虑到环境和资源的约束，从而展开了绿色生产率的研究。由于 DEA 方法适用于多投入多产出的非参数测算，因而近年来在绿色生产率的研究中发挥了重要作用。

绿色生产率（Green Productivity）的概念由亚洲生产率组织（APO）于 1992 年首次提出，在当时它指的是一项战略，旨在同时提高生产率和环境绩效。也有一些学者将相关研究冠以"环境全要素生产率""环境敏感型生产率"等，但多数研究为了凸显指标的"经济内涵"和"绿色理念"，并与"绿色 GDP"相对应,同时兼顾指标名称的简洁性,采用绿色生产率或绿色全要素生产率的名称。

绿色生产率其实就是考查在资源和环境约束下的传统生产率,是在传统生产率理论的基础上发展和衍生的。与传统的生产率根本的区别是将反映环境的变量引入模型之中,主要有两种思路,一是将环境变量作为一种投入要素引入到生产函数模型中,二是将环境变量作为一种"坏产出"引入方向性距离函数。

Chung 等在 1997 年测算瑞典某纸浆厂的全要素生产率时,为了更准确计算并考察环境污染对经济增长的影响,将污染物作为非期望产出,首次使用方向性距离函数和 Malmquist Luenberger（ML）生产率指数,真正意义上计算出了"绿色全要素生产率",成为近年来学者们测算绿色生产率并进行后续研究所广泛采用的方法。

以上改进并非针对绿色生产率研究,但在绿色生产率研究中得到方法应用。

4.5.5 值得商榷的问题

4.5.5.1 技术前沿问题

与 SFA 一样,最难解的还是技术前沿（生产可能性前沿,最大可能产出）相关的问题。虽然 DEA 方法的技术前沿是依据数据输入自动形成的,排除了人为干扰,但即便如此,似乎从理论上也不能完全自圆其说。

林毅夫等（2003）认为,DEA 模型赖以发展的基石是"在同一时点上,各经济体面对的技术前沿是相同的。"发达国家（如 OECD 国家）间的技术能够具备一定的同质性,但是发展中国家、转型国家内部及这些国家之间很难满足技术同质性假定。如果用 DEA 模型对发展中国家进行研究,可能无法准确评估各经济体的技术效率和技术进步的变化。中国各省份间要素禀赋各异,经济发展水平差距较大,也不能满足"所有经济体面对同一技术前沿"的假设,这一论点直指 DEA 模型的要害。

对于前沿面的问题,国外学者提出一些改进方法。

Dong-Huyn Oh 针对指数存在线性规划无解、不满足可加性、传递性等问题,构建了全局生产率指数（Global-Malmquist-Luenberger，GML）。之后，基于短期波动对技术前沿造成影响的问题，Dong-Huyn Oh 和 Heshmati（2010）提出序列 DEA 方法，并用此方法估算了 ML 指数。此外，针对异质性行业或区域的生产率测算，Dong-hyun Oh 在 2010 年提出了组内共同前沿生产率指数（Metafrontier Malmquist Luenberger，MML）生产率指数，将研究对象划分成若干个群组，不同的群组之间具有不同的技术水平。

以上这些改进无疑都是有益的尝试，但只要林毅夫等提出的问题还在，就无法彻底解决技术前沿带来的困惑。

4.5.5.2 多投入多产出问题

DEA 与 SFA 比较，最为突出的优势是可以进行多产出和多投入的测算，且不需要为参数估计费周折，这也是近年来得到广泛应用的重要原因。但由此也产生了新的问题，M 指数的特点在于只要是一组投入数据和一组产出数据，不论数据质量如何，输入模型后都可以得到"靠谱"的且能够"自圆其说"的输出结果[①]，无法像其他方法那样可以通过产出的合理性反证输入的投入数据和产出数据的合理性，这也就造成了 DEA 方法的滥用。表 4-4 为笔者从部分学术期刊有关 M 指数应用的论文中摘出的 30 个产出变量和 60 个投入变量，可见在当前学术研究中变量选择的随意化倾向。

表4-4 近年学术期刊中M指数应用中的部分变量

产出指标	投入指标	
工业废水排放量	资源税	外语导游人数
工业废气排放量	农作物总播种面积	新产品销售收入
工业烟粉尘排放量	化肥施用量	技术市场成交额
二氧化硫排放量	能源消耗总量	R&D 人员全时当量
工业固体废弃物排放量	非清洁能源消费量	R&D 资本存量

---

① 输出的结果均围绕着 1 波动变化。

第四章 其他测算方法

续表

产出指标	投入指标	
工业氮氧化物排放量	清洁能源消费量	农作物播种面积
化学需氧量	能源消费总量	地方财政农林水事务支出
氨氮排放量	平均受教育年限	投资品价格指数
生活垃圾清运量	人均绿地面积	人口死亡率
生活废水排放量	城市平均相对湿度	各年龄段人口数
二氧化碳排放量	年降水量	劳动力工资总额
化肥施用量	城市建成区绿化覆盖率	农用塑料薄膜使用量
农药施用量	区域自然保护区占比	农药使用量
区域噪声监测等级	水土流失治理面积	固定资产投资总额
入境旅游接待人数	人均水资源量	建成区面积
入境旅游收入	湿地面积	供水总量
专利授权数	工业用水达标排放率	民用汽车拥有量
专利申请数	工业粉尘达标排放率	年末总人口数
农村居民可支配收入	工业固体废弃物处置率	当年名义投资额
农村居民人均收入差距	二氧化硫去除率	投资价格指数
农村人均住房面积	环境治理投资占比	制造业与生产性服务业协同发展系数
农村初中毕业生人数	烟尘控制区建成面积占比	企业劳动收入
城乡基本医疗保险参保人数	高污染禁燃区面积占比	固定资本收入
有效发明专利数	生活垃圾无害化处理率	存货收入
新产品销售收入	城市生活污水处理率	销售费用
博士生在校人数	噪声达标区面积比重	管理费用
硕士生在校人数	4A级以上景区的数量	应交所得税

续表

产出指标	投入指标	
人文社科论文发表数量	三星及三星级以上的酒店数量	专任教师数量
理工论文发表数量	国际旅行社数量	事业经费支出

4.5.5.3 资源环境消耗和"坏产出"

许多反映资源环境消耗的指标都具有两面性，如能源消费量可看作是投入，但与其密切联系的碳排放量又可作为产出；环境保护费用可以看作是投入，但从另一角度又可作为"坏产出"。如果将这些变量作为投入变量，那它是否包含在原来的要素投入中呢？其他的在生产过程中处于闲置的、重复建设的、为防备各种安全风险不得不投入的资本和劳动是不是也需要作为特殊的投入变量引入到模型中呢？如果将其作为"坏产出"变量，那如何合理地将"好产出"和"坏产出"与原来的技术变化、效率变化等建立起有说服力的联系呢？都有待于进一步深入研究。当然，也有学者将投入变量（如反映环境保护投入、资源消耗的指标），产出变量（如反映环境污染、碳排放等指标）同时纳入模型中。这些作为有益的尝试无可厚非，但如果在实际应用中引入这些变量则还有待进一步研讨。

4.6 Törnqvist指数

在经济领域存在着许多反映经济现象发展变化的指数，这些指数可划分为物量指数和物价指数两类，前者反映经济现象外延数量的变化，后者用于反映经济现象内涵质量的变化。最常见的指数是 L 氏指数（Laspeyres）、P 氏指数（Paasche）和 Fisher 理想指数。如果在生产率研究中，将要素投入引起产出的变化看作外延数量变化，综合要素引起产出的变化看作内涵质量的变化，那么就可以借助指数方法来反映生产率的变化，这无疑是十分有意义的尝试且对生产率测算实践具有重要的指导意义。

《OECD 手册》在讨论了一系列指数的基础上，认为 Divisia 指数和 Törnqvist

指数是测算生产率较为理想的工具，并重点进行了讨论。为追求"简明"，本手册将《OECD 手册》中为追求理论严谨的假设和冗长的推导过程略去，研究者如感兴趣可参阅《OECD 手册》。

4.6.1　Divisia指数

Divisia（1926）提出以他的名字命名的价格指数和物量指数。设价格 $p_i(t)$ 和数量 $q_i(t)$（$i=1, 2, \cdots, N$）都是时间的连续函数，时间上的支出函数为：

$$v(t)=\sum_{i=1}^{N} p_i(t) q_i(t)$$

若支出函数可微，对支出函数两边取自然对数：

$$\ln v(t)=\ln\left(\sum_{i=1}^{N} p_i(t) q_i(t)\right) \quad （4-25）$$

在式（4-25）两边对时间取导数，Divisia 价格指数和物量指数分别为：

$$\frac{d(\ln p(t))}{dt}=\sum_{i=1}^{N} \frac{p_i(t) q_i(t)}{v(t)} \frac{d(\ln p_i(t))}{dt} \quad （4-26）$$

$$\frac{d(\ln q(t))}{dt}=\sum_{i=1}^{N} \frac{p_i(t) q_i(t)}{v(t)} \frac{d(\ln q_i(t))}{dt} \quad （4-27）$$

从式（4-26）和式（4-27）可以看出，Divisia 价格指数表示某时期的价格变化，是该时期所有商品价格变化的加权平均，权重为某商品的价值占所有商品价值的比例，并且变化用该时期商品价格自然对数的导数来衡量。同理，Divisia 物量指数表示某时期的物量变化，是该时期所有商品物量变化的加权平均，权重为某商品的价值占所有商品价值的比例，并且变化用该时期购买商品数量自然对数的导数来衡量。

4.6.2　Törnqvist指数

当 Divisia 指数采用 $d(\ln p_i(t))/dt$，或者 $d(\ln q_i(t))/dt$ 来衡量价格或者物量的变化时，要求 $p_i(t)$、$q_i(t)$ 都是时间上的连续函数。但实际上无法获得连续的 $p_i(t)$、

$q_i(t)$，因此必须进行近似。其中，很多近似方法都是将 $d(\ln p_i(t))/dt$ 近似为 $p_i(t)/p_i(t-1)$，如 L 氏指数：

$$\frac{p(t)}{p(t-1)} = \sum_{i=1}^{N} \frac{p_i(t-1) q_i(t-1)}{v(t-1)} \frac{p_i(t)}{p_i(t-1)} = \sum_{i=1}^{N} \frac{p_i(t) q_i(t-1)}{v(t-1)} \quad (4\text{-}28)$$

$$\frac{q(t)}{q(t-1)} = \sum_{i=1}^{N} \frac{p_i(t-1) q_i(t-1)}{v(t-1)} \frac{q_i(t)}{q_i(t-1)} = \sum_{i=1}^{N} \frac{p_i(t-1) q_i(t)}{v(t-1)} \quad (4\text{-}29)$$

另一种近似方法是 Törnqvist 指数。令：

$$S_i(t) = \frac{p_i(t) q_i(t)}{v(t)}$$

对式（4-29）两边积分：

$$\int_{t-1}^{t} \frac{d(\ln p(t))}{dt} dt = \int_{t-1}^{t} \sum_{i=1}^{N} S_i(t) \frac{d(\ln p_i(t))}{dt} dt = \sum_{i=1}^{N} \int_{t-1}^{t} S_i(t) \frac{d(\ln p_i(t))}{dt} dt$$

(4-30)

根据积分定义，式（4-30）可变形为：

$$\ln\left(\frac{p(t)}{p(t-1)}\right) = \sum_{i=1}^{N} \frac{1}{2} (S_i(t) + S_i(t-1)) \ln\left(\frac{p_i(t)}{p_i(t-1)}\right)$$

于是 Törnqvist 价格指数为：

$$\ln\left(\frac{p(t)}{p(t-1)}\right) = \sum_{i=1}^{N} \frac{1}{2} (S_i(t) + S_i(t-1)) \ln\left(\frac{p_i(t)}{p_i(t-1)}\right) \quad (4\text{-}31)$$

或者：

$$\frac{p(t)}{p(t-1)} = \prod_{i=1}^{N} \left(\frac{p_i(t)}{p_i(t-1)}\right)^{\frac{1}{2}(S_i(t)+S_i(t-1))} \quad (4\text{-}32)$$

Törnqvist 物量指数为：

$$\ln\left(\frac{q(t)}{q(t-1)}\right) = \sum_{i=1}^{N} \frac{1}{2} (S_i(t) + S_i(t-1)) \ln\left(\frac{q_i(t)}{q_i(t-1)}\right) \quad (4\text{-}33)$$

或者：

$$\frac{q(t)}{q(t-1)} = \prod_{i=1}^{N} \left(\frac{q_i(t)}{q_i(t-1)}\right)^{\frac{1}{2}(S_i(t)+S_i(t-1))} \quad (4\text{-}34)$$

Törnqvist 价格指数表示的是以相邻时期某商品的价值占所有商品价值比

重的算术平均为权重，从基期到报告期多种商品价格相对变化的几何平均，商品价格的相对变化用 $p_i(t)/p_i(t-1)$ 来衡量。同理，Törnqvist 物量指数表示的是以相邻时期某商品的价值占所有商品价值比重的算术平均为权重，从基期到报告期多种商品数量相对变化的几何平均，商品数量的相对变化用 $q_i(t)/q_i(t-1)$ 来衡量。

4.6.3 Divisia生产率指数和Törnqvist生产率指数

Divisia 生产率指数也可用来反映生产率的变化。如果是基于增加值，要素投入仅包括劳动和资本的生产率测算方法，则 Divisia 生产率指数为：

$$\frac{d(\ln A(t))}{dt} = \frac{d(\ln Q(t))}{dt} - \left[S_L(t) \frac{d(\ln L(t))}{dt} + S_K(t) \frac{d(\ln K(t))}{dt} \right] \quad (4-35)$$

式中，$Q(t)$ 为 t 时期产出量。

然而，前面曾提到，Divisia 生产率指数的前提假设是生产函数在时间 t 上是连续的。实际上无法获得连续的时间序列数据。于是，通常用 Törnqvist 生产率指数对 Divisia 生产率指数进行离散近似。

于是，Törnqvist 生产率指数为：

$$\frac{A(t)}{A(t-1)} = \frac{Q(t)/Q(t-1)}{\left(\frac{K(t)}{K(t-1)}\right)^{\overline{S}_K} \cdot \left(\frac{L(t)}{L(t-1)}\right)^{\overline{S}_L}} \quad (4-36)$$

其中：

$$\frac{K(t)}{K(t-1)} = \prod_{i=1}^{M} \left(\frac{K_i(t)}{K_i(t-1)}\right)^{\frac{1}{2}\left(\frac{\mu_i(t)K_i(t)}{\mu(t)K(t)} + \frac{\mu_i(t-1)K_i(t-1)}{\mu(t-1)K(t-1)}\right)}$$

$$\frac{L(t)}{L(t-1)} = \prod_{i=1}^{N} \left(\frac{L_i(t)}{L_i(t-1)}\right)^{\frac{1}{2}\left(\frac{W_i(t)L_i(t)}{W(t)L(t)} + \frac{W_i(t-1)L_i(t-1)}{W(t-1)L(t-1)}\right)}$$

$$\overline{S}_K = \frac{1}{2}(S_K(t) + S_K(t-1))$$

$$\overline{S}_L = \frac{1}{2}(S_L(t) + S_L(t-1))$$

式中，$\mu_i(t)$ 为 t 时期第 i 种资本价格，$K_i(t)$ 为 t 时期第 i 种资本的数量，$\mu_i(t)K_i(t)$

为第 i 种资本的价值量，$\mu_i(t)K_i(t)/\mu(t)K(t)$ 为 t 时期第 i 种资本的价值量占全部资本价值量的比重。

$W_i(t)$ 为 t 时期第 i 种劳动价格，$L_i(t)$ 为 t 时期第 i 种劳动量，$W_i(t)L_i(t)$ 为第 i 种劳动的价值量[①]，$W_i(t)L_i(t)/W(t)L(t)$ 为 t 时期第 i 种劳动的价值量占全部劳动价值量的比重。

从式（4–36）可见，Törnqvist 生产率指数的分子是产出速度，分母是几何加权的要素投入速度，两者比较是在求解产出对要素投入的弹性系数，即当要素投入变化一个单位（通常为 1%）时产出的速度。当 Törnqvist 生产率指数值大于 100% 时，说明 t 时期生产率比 t–1 时期有所增长；当其小于 100% 时，说明 t 时期生产率比 t–1 时期有所下降。这样的数量表现比索洛余值更明确且不易出现认识上的偏误。

图 4–3 和图 4–4 为《全国科技进步统计监测报告》[②]测算的国内各地区 Törnqvist 生产率指数。图中全国多数地区高于 100%，但 2010 年与 2006 年比较有所下降。

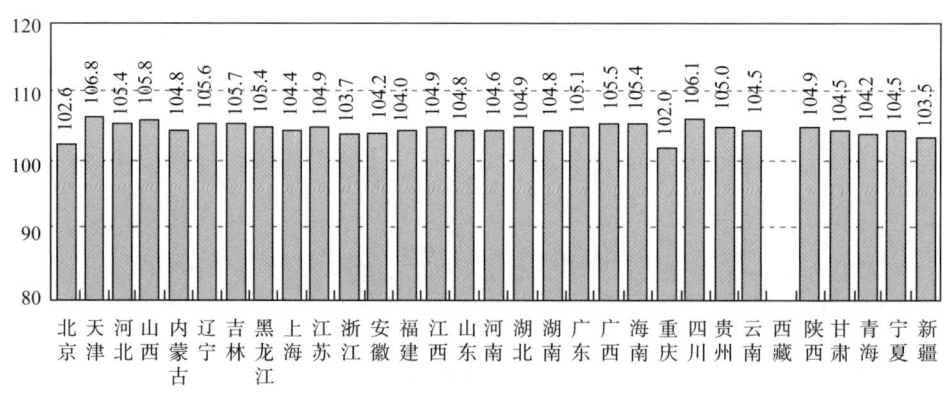

图4-3　2006年各省（自治区、直辖市）Törnqvist 生产率指数

[①] 在此要注意的是用劳动的价值量加权的。说明劳动投入不仅要考虑劳动者数量，还要考虑劳动量的单位价格。其实在前述的任何方法中都需要这样理解劳动投入。

[②] 为科技部有关部门年度报告，是《中国科技创新评价报告》的前身，部分年份在附录中刊有科技进步速度、科技进步贡献率和 Törnqvist 生产率指数。

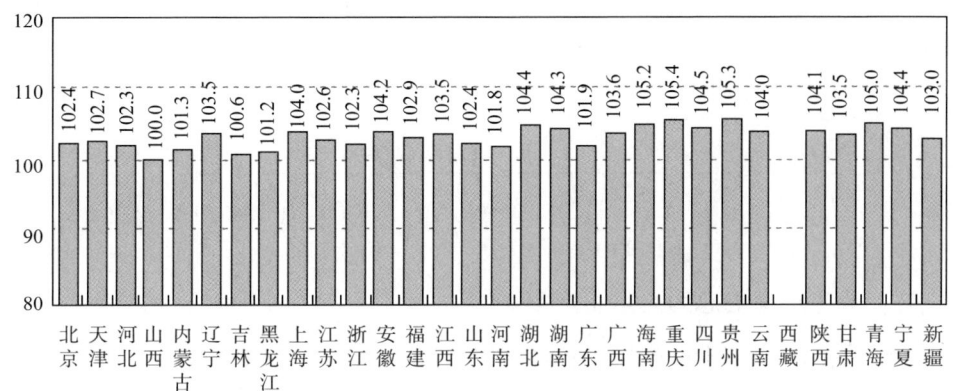

图4-4 2010年各省（自治区、直辖市）Törnqvist 生产率指数

4.6.4 产业生产率和总量生产率的关联

任何经济体宏观层面的生产率水平总是与微观层面的生产率水平关联的，如果能够通过微观层面的生产率变化分析宏观层面的生产率变化，将二者联系起来，则是经济分析中十分有意义的事情。Törnqvist 生产率指数的重要贡献之一是提供了这样的思路和途径，这对分析者和政策制定者有着重要意义。

Törnqvist 生产率指数可以提供产业生产率或区域生产率与总量生产率之间的关联测算（图4-5）。

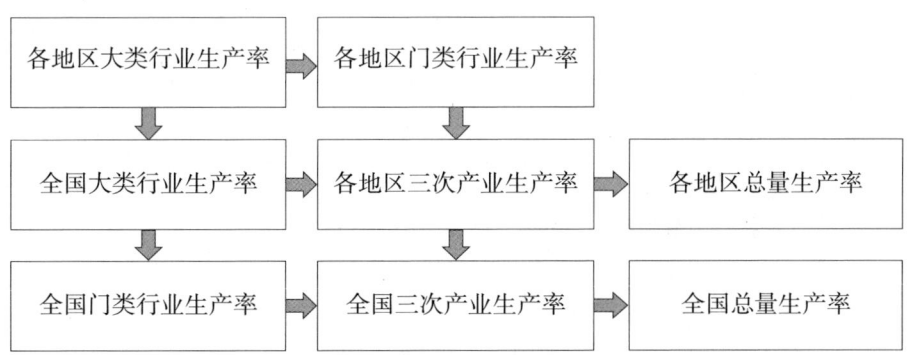

图4-5 产业生产率或区域生产率与总量生产率关联

从产业生产率到总量生产率进行关联的步骤如下：

1. 测算产业生产率。

某产业 j 的 Törnqvist 生产率指数为：

$$\frac{A_j(t)}{A_j(t-1)} = \frac{Q_j(t)/Q_j(t-1)}{\left(\frac{L_j(t)}{L_j(t-1)}\right)^{\frac{1}{2}(S_{L,j}(t)+S_{L,j}(t-1))} \left(\frac{K_j(t)}{K_j(t-1)}\right)^{\frac{1}{2}(S_{K,j}(t)+S_{K,j}(t-1))}} \quad (4-37)$$

2. 产业生产率汇总为总量生产率。

z 种产业汇总后的总量 Törnqvist 生产率指数为：

$$\frac{A(t)}{A(t-1)} = \prod_{j=1}^{Z} \left(\frac{A_j(t)}{A_j(t-1)}\right)^{\frac{1}{2}\left(\frac{P_j(t)Q_j(t)}{P(t)Q(t)} + \frac{P_j(t-1)Q_j(t-1)}{P(t-1)Q(t-1)}\right)} \quad (4-38)$$

根据 Törnqvist 生产率指数，可通过各小类行业的生产率指数加权综合而成中类行业生产率指数，由中类行业的生产率指数加权综合成各大类行业的生产率指数，再由大类行业推及门类行业、由门类行业推及三次产业，由三次产业推及总量生产率指数，这样就建立起由各层次产业生产率指数直至总量的生产率指数的体系。表4-5为《总量生产率与产业生产率关联研究报告》[1]中2010年与2011年江苏省各门类行业 Törnqvist 生产率指数的比较。

表4-5　2010年和2011年江苏省各门类行业生产率指数情况（%）

门类名称		代码	年份	
			2010	2011
农林牧渔业		A	100.97	100.57
采矿业		B	95.79	99.00
制造业	消费品制造业	C	102.68	101.01
	原材料制造业		102.36　102.43	101.32　101.33
	装备制造业		102.09	101.51
电力燃气以及水的供应业		D	99.76	98.21
建筑业		E	99.81	100.01

---

[1] 总量生产率与产业生产率关联研究，国家软科学研究计划邀标项目（2012GXS2B010）。承担单位：国家统计局统计科学研究所。

续表

门类名称	代码	年份	
		2010	2011
交通运输、仓储和邮政业	F	90.44	90.65
信息传输、计算机服务和软件业	G	109.17	107.76
批发和零售业	H	95.90	96.06
住宿和餐饮业	I	92.31	92.20
金融业	J	118.87	115.86
房地产业	K	100.36	98.90
租赁和商务服务业	L	105.81	103.63
居民服务和其他服务业	O	88.26	90.91

表4-5所示为江苏省各门类行业生产率中，金融业，信息传输、计算机服务和软件业，租赁和商务服务业等行业的生产率要高于第一产业和第二产业各行业。但通过各门类行业加权综合得到的江苏省三次产业生产率看，第三产业生产率反而低于第一产业和第二产业（表4-6）。

通过各地区生产率加权综合（也可通过各产业生产率加权综合）最终可得到整个国民经济总量生产率（表4-7）。

表4-6　2010年和2011年江苏省三次产业及总量生产率（%）

产业名称	年份	
	2010	2011
第一产业	100.97	100.57
第二产业	101.86	101.01
其中：工业	102.12	101.14
第三产业	99.04	99.12
合计	100.70	100.23

表4-7 2011年全国及各地区三次产业生产率和总量生产率（%）

地 区	第一产业	第二产业	工 业	第三产业	合 计
北 京	99.87	102.14	102.75	98.38	99.31
天 津	99.96	98.35	98.19	98.89	98.62
河 北	100.14	97.27	97.98	99.15	98.31
山 西	95.28	98.77	98.68	98.49	98.46
内蒙古	100.00	101.71	101.59	95.04	99.00
辽 宁	99.91	103.01	103.35	101.62	102.19
吉 林	99.07	102.62	103.26	100.57	101.37
黑龙江	100.89	100.58	99.94	105.21	102.32
上 海	103.87	104.08	104.20	97.27	100.19
江 苏	100.57	101.01	101.14	99.12	100.23
浙 江	99.72	101.07	101.40	101.59	101.22
安 徽	100.16	100.33	101.86	95.27	98.46
福 建	99.98	103.26	104.34	93.53	98.88
江 西	100.50	96.65	97.93	100.34	98.46
山 东	100.00	98.37	98.39	99.58	98.94
河 南	99.61	95.98	95.91	91.05	95.01
湖 北	100.22	105.55	106.46	95.98	100.93
湖 南	100.05	99.40	100.24	100.47	99.94
广 东	99.97	101.52	101.64	102.48	101.87
广 西	99.98	94.13	94.56	100.99	97.77
海 南	97.13	100.41	104.16	98.03	98.43
重 庆	100.09	99.70	99.43	101.66	100.50

续表

地区	第一产业	第二产业	工业	第三产业	合计
四川	97.66	102.63	105.10	100.24	100.95
贵州	94.71	109.09	111.03	99.02	102.11
云南	99.96	105.61	107.19	101.74	103.07
西藏	100.06	106.13	97.78	98.91	101.24
陕西	99.91	106.03	107.54	106.73	105.66
甘肃	98.47	97.81	96.58	98.36	98.12
青海	100.00	102.07	102.64	97.46	100.20
宁夏	100.73	101.71	102.31	101.73	101.62
新疆	100.14	99.14	99.45	97.89	98.89
全国	99.70	100.61	101.01	99.33	100.00

从表 4-7 测算结果看，全国总量生产率变化不大，其中工业生产率变化高于第一产业和第三产业。从地区生产率看，陕西、云南、黑龙江、辽宁、贵州等地区的生产率提升较快，河南、广西、甘肃、河北、海南则提升较慢。

在此基础上，可以对产业之间的关联进行分析，如上海第一产业生产率排在全国第 1 位，是因为上海的农业生产率、畜牧业生产率、渔业生产率均排在第 1 位。贵州第一产业生产率排在最后一位，是因为第一产业所属的行业均排在第 30 位或第 31 位（表 4-8）。

应用索洛增长速度方程时，经常会得到令人困惑的结果。由于基年水平不同，欠发达地区的 TFP 速度或 TFP 贡献率总是明显高于发达地区，常引起一些误解。应用 Törnqvist 生产率指数在一定程度上避免了这种情况出现。表 4-8 为上海和贵州农业生产率的比较，贵州虽然是农业大省，但上海的农业生产率要高得多。

表4-8　上海和贵州第一产业生产率

行　业	上　海		贵　州	
	生产率（%）	位次	生产率（%）	位次
第一产业	103.87	1	94.71	31
农　业	103.18	1	94.77	30
林　业	101.27	3	94.68	30
畜牧业	104.96	1	94.67	31
渔　业	105.19	1	94.02	31

通过以上地区和产业数据的模拟，可体会出基于《OECD手册》思路和方法对生产率测算的简单实用的特点。这是对"余值"方法的重要改进，通过对各地区生产率、各层次产业生产率和总量生产率之间的关联，建立起它们之间消长变化的逻辑体系，为进一步进行生产率分析打下坚实的基础。

通过上述测算实例可见，首先Törnqvist指数实现了生产率的直接测算。虽然仍然是基于增长的测算，但已经不是通过"余值"的测算了，这就实现了与生产率的基本定义（投入与产出的比较）的对接；其次通过Törnqvist指数可以建立起产业生产率和总量生产率之间的关联，总量生产率的变化可以通过各产业生产率的变化得到合理解释。

4.6.5　基于总产出的Törnqvist指数

为了便于叙述和理解，以上仅对基于增加值的Törnqvist指数进行了讨论，Törnqvist指数也可以基于总产出进行测算。同样为了便于叙述的理解，简略了推导过程及Divisia指数与Törnqvist指数之间的关联，读者如果感兴趣，可参阅OECD编著《OECD手册》，里面有十分详细的推导过程和相关知识，在此只给出最终的测算公式。

基于总产出视角的Törnqvist-MFP指数可表示为：

$$\frac{A(t)}{A(t-1)} = \frac{Q(t)/Q(t-1)}{\left(\frac{K_j(t)}{K(t-1)}\right)^{\frac{1}{2}(S_K(t)+S_K(t-1))} \cdot \left(\frac{L(t)}{L(t-1)}\right)^{\frac{1}{2}(S_L(t)+S_L(t-1))} \cdot \left(\frac{E(t)}{E(t-1)}\right)^{\frac{1}{2}(S_E(t)+S_E(t-1))} \cdot \left(\frac{M(t)}{M(t-1)}\right)^{\frac{1}{2}(S_M(t)+S_M(t-1))} \cdot \left(\frac{S(t)}{S(t-1)}\right)^{\frac{1}{2}(S_S(t)+S_S(t-1))}} \quad (4-39)$$

式中：

$$\frac{K(t)}{K(t-1)} = \prod_{i=1}^{N_1} \left(\frac{K(t)}{K(t-1)}\right)^{\frac{1}{2}\left(\frac{W_{1i}(t)K_i(t)}{W_1(t)K(t)} + \frac{W_{1i}(t-1)K_i(t-1)}{W_1(t-1)K(t-1)}\right)}$$

$$\frac{L(t)}{L(t-1)} = \prod_{i=1}^{N_2} \left(\frac{L(t)}{L(t-1)}\right)^{\frac{1}{2}\left(\frac{W_{2i}(t)L_i(t)}{W_2(t)L(t)} + \frac{W_{2i}(t-1)L_i(t-1)}{W_2(t-1)L(t-1)}\right)}$$

$$\frac{E(t)}{E(t-1)} = \prod_{i=1}^{N_3} \left(\frac{E(t)}{E(t-1)}\right)^{\frac{1}{2}\left(\frac{W_{3i}(t)E_i(t)}{W_3(t)E(t)} + \frac{W_{3i}(t-1)E_i(t-1)}{W_3(t-1)E(t-1)}\right)}$$

$$\frac{M(t)}{M(t-1)} = \prod_{i=1}^{N_4} \left(\frac{M(t)}{M(t-1)}\right)^{\frac{1}{2}\left(\frac{W_{4i}(t)M_i(t)}{W_4(t)M(t)} + \frac{W_{4i}(t-1)M_i(t-1)}{W_4(t-1)M(t-1)}\right)}$$

$$\frac{S(t)}{S(t-1)} = \prod_{i=1}^{N_5} \left(\frac{S(t)}{S(t-1)}\right)^{\frac{1}{2}\left(\frac{W_{5i}(t)S_i(t)}{W_5(t)S(t)} + \frac{W_{5i}(t-1)S_i(t-1)}{W_5(t-1)S(t-1)}\right)}$$

式中，$\frac{A(t)}{A(t-1)}$ 表示生产率的发展速度，$\frac{Q(t)}{Q(t-1)}$、$\frac{K(t)}{K(t-1)}$、$\frac{L(t)}{L(t-1)}$、$\frac{E(t)}{E(t-1)}$、$\frac{M(t)}{M(t-1)}$、$\frac{S(t)}{S(t-1)}$ 分别表示总产出、资本、劳动、能源、材料和服务投入的发展速度，S_K、S_L、S_E、S_M、S_S 分别表示资本弹性系数、劳动弹性系数、能源弹性系数、材料弹性系数和服务弹性系数，弹性系数的确定同样可以使用经验法、回归法和比值法等多种方法。

表4-9即为应用式（4-39）测算的国内2003—2013年工业行业生产率，生产率最高的4个工业行业依次为"金属制品、机械和设备修理业"，"烟草制品业"，"燃气生产和供应业"和"其他制造业"。生产率最低的4个行业分别为"石油和天然气开采业"、"电气机械和器材制造业"、"废弃资源综合利用业"和"开采辅助活动"。

表4-9　2003—2013年工业分行业平均生产率测算数据

行　业	生产率（％）	生产率排序	行　业	生产率（％）	生产率排序
金属制品、机械和设备修理业	113.42	1	黑色金属矿采选业	101.01	22
烟草制品业	104.37	2	农副食品加工业	101.00	23
燃气生产和供应业	103.74	3	有色金属冶炼和压延加工业	100.97	24
其他制造业	103.28	4	电力、热力生产和供应业	100.93	25
煤炭开采和洗选业	102.91	5	家具制造业	100.88	26
非金属矿采选业	102.75	6	纺织服装、服饰业	100.78	27
水的生产和供应业	102.25	7	皮革、毛皮、羽毛及其制品和制鞋业	100.77	28
非金属矿物制品业	102.21	8	有色金属矿采选业	100.66	29
印刷和记录媒介复制业	102.13	9	专用设备制造业	100.56	30
医药制造业	102.05	10	汽车制造业	100.52	31
酒、饮料和精制茶制造业	102.03	11	黑色金属冶炼和压延加工业	100.43	32
化学纤维制造业	102.02	12	计算机、通信和其他电子设备制造业	100.25	33
木材加工和木、竹、藤、棕、草制品业	101.87	13	金属制品业	99.95	34
造纸和纸制品业	101.71	14	文教、工美、体育和娱乐用品制造业	99.81	35
食品制造业	101.52	15	其他采矿业	99.78	36
铁路、船舶、航空航天和其他运输设备制造业	101.51	16	仪器仪表制造业	99.64	37

续表

行　业	生产率（%）	生产率排序	行　业	生产率（%）	生产率排序
纺织业	101.51	17	石油和天然气开采业	98.94	38
通用设备制造业	101.41	18	电气机械和器材制造业	98.69	39
橡胶和塑料制品业	101.32	19	废弃资源综合利用业	98.32	40
石油加工、炼焦和核燃料加工业	101.25	20	开采辅助活动	95.86	41
化学原料和化学制品制造业	101.23	21			

资料来源：本表数据根据生产率测算结果整理而得。

第五章　数据搜集和选择

许多人重视测算模型的研究而轻视测算数据的搜集和整理，但有实践经验的人都体会到即使在计算工具十分普及的今天，比起前者，数据搜集和整理要耗费更多的时间和精力。而且与数据搜集相比，在许多情况下统计数据的整理也要付出更多的工作量。在多个区域、城市、产业同时测算 TFP 时，为了保证数据的衔接和平稳，需要对原始数据做大量的整理工作。

众所周知，TFP 测算需要时间序列数据，有时还需要面板数据，这就涉及行政区划的变化与调整，统计口径的变更与调整，以及缺失数据的插补等一系列问题。此外，统计指标（变量）的选择也很重要。在前面的讨论中运用的是"经济产出""资本投入""劳动投入"等经济学概念，在测算时则需要将这些经济学概念具体化和数量化，转换成能够体现数量特征的经济统计指标，如 GDP、增加值、营业收入、固定资本形成总额、固定资产净值、就业人员数等。许多初学者不了解经济学概念和统计指标之间的差别，看到名称相近的指标拿来就用。其实，从经济学概念到经济统计指标并非单一的转换关系，其中面临着多种可能选择。《OECD 手册》在 10 章内容中有 4 章涉及数据的搜集、整理和选择，这足以说明数据搜集、整理和选择的重要性，这也是本章要讨论的重点。

5.1 反映经济产出的指标

5.1.1 生产总值(GDP,增加值)

一般认为,宏观经济或者产业经济 TFP 的测算,生产总值(GDP,增加值)是衡量产出量较为理想的变量。

国内生产总值是一国或一地区在一定时期生产活动的最终成果。从价值形态看,它是一定时期生产的全部货物和服务价值与同期投入的全部非固定资产货物和服务价值的差额,也就是生产总产出减除中间投入(中间消耗)之后的最终成果的价值。

生产总值之所以是衡量产出较为理想的变量,还在于它从收入形态看,包括劳动者报酬、营业盈余、折旧和生产税净额等四个部分。劳动者报酬是劳动的补偿和获利,折旧和营业盈余是资本的补偿和获利,这两个部分是比值法中用以计算资本投入和劳动投入的权重的理想指标,生产税净额是公共部门为生产部门提供服务应得的报酬。

生产总值的产品形态表现为资本形成、最终消费、货物和服务的净出口,其中资本形成或资本形成中的固定资本形成是与生产总值相联系的反映资本投入较为理想的指标。

5.1.2 反映总产出的指标

总产出是一个笼统的概念。改革开放前,国内政府统计施行苏联物质产品平衡表体系(MPS)。设有全社会总产值[①]、工农业总产值,以及各部门总产值指标,对应了全社会、工农业,以及各部门总产出的概念。由于这些指标均存在不同程度的重复计算,改革开放后,自 20 世纪 80 年代中期开始,国内政府统计进行了国民经济核算体系改革,此后一段时间国内政府统计两套核算体系并行。之

---

① 在 MPS 体系中,全社会总产值指的是七大物质生产部门合计的总产值。

后虽被 SNA 取代，但在各部门统计中，仍然保留着反映总收入的指标，如农、林、牧、渔业总产值，工业总产值，建筑业总产值等。此外，有些行业的实物量产出指标，如农作物产量、社会消费品零售总额，交通运输行业的货运量和客运量，邮政业务总量，电信业务总量等，都能够用于反映部门或行业总产出的指标。

《OECD 手册》对此提出一个匹配的问题，产出指标应与投入指标相匹配。如果投入指标只包含固定资本投入和劳动投入，生产总值应是衡量经济产出最为理想的变量。如果投入量不仅包括固定资本投入和劳动投入，还要包括中间投入时，就应选择反映总产出的指标。

特别是《OECD 手册》认为，用总产出指标要比用增加值指标更符合希克斯中性的假设条件。

5.2 劳动投入

从经济学原理上讲，劳动投入量应是指生产过程中实际投入的劳动量，但在现实中可选择的变量多数不能满足这一条件。从国内外研究成果看，劳动投入量有以下几种选择。

5.2.1 就业人员数

就业人员（有些部门统计称为从业人员）在我国是指 16 周岁及以上，从事一定社会劳动并取得劳动报酬或经营收入的人员。全社会就业人员包括三个部分：城镇单位就业人员、私营和个体就业人员和农村就业人员。

由于就业人员数能够简明直接地体现劳动投入量的规模，且不存在价格调整问题，统计数据也容易获得。故在国内研究中，就业人员数是研究者使用最多的反映劳动投入的变量。

就业人员数反映劳动投入量是十分粗糙的，它既不能反映劳动者劳动时间的长短，也不能反映兼职的情况，更不能反映劳动者的质量。而在现实中劳动者的质量，如技能、教育、专业经验等都对劳动投入产生影响。

针对这一问题，一些专家认为，就业人员数虽不能反映劳动时间的长短和劳动质量的高低，但劳动时间的改变、劳动质量的改变毕竟不是一朝一夕的事情，因为 TFP 只需要测算劳动投入的速度，只要在计算期内变化不大，就不会对测算产生较大的影响。

由于就业人员数取得最为容易，因而是国内 TFP 研究中使用最多的劳动投入指标。

5.2.2 劳动时间（工时数）

劳动时间（工时数）是《OECD 手册》推荐的较为理想的反映劳动投入量的指标。

与就业人员数比较，工时数能够较就业人员数更好地反映劳动投入规模。对于发达国家，具有较为完备的企业劳动时间调查或家庭成员劳动时间调查，但国内目前缺少公开发布的劳动时间调查数据。有些研究只是简单地将就业人员进行分类，然后假设各类人员不同的劳动时间，其实和使用就业人员数没有太大区别。

5.2.3 劳动者报酬

劳动者报酬指的是劳动者从事生产活动所获得的全部报酬。包括劳动者获得的各种形式的工资、奖金和津贴，既包括货币形式的，也包括实物形式的，还包括劳动者所享受的公费医疗和医药卫生费、上下班交通补贴、单位支付的社会保险费、住房公积金等[①]。

许多专家认为，在发达国家劳动力市场发展较为完善的今天，劳动收入能够较准确地反映劳动强度和劳动时间。特别需要指出的是，在《OECD 手册》中，

---

① 资料来源：《中国统计年鉴 2011》。

不同行业的劳动投入量（工时数）也是用劳动者报酬进行加权综合的。

如果求全责备的话，用劳动者报酬也存在局限性。国内各地区、各行业、各阶层之间的劳动者报酬差别较大，都带有或多或少的计划经济的痕迹，难以反映真实的劳动投入量。另有专家指出，近年来，特别是21世纪以来国家大力推行劳动用工保险制度、最低工资制度、劳动合同法等制度法规，在保障劳动者权益方面迈出很大步伐，劳动者报酬增长迅速，在一定程度存在对劳动投入量的高估。

5.2.4 人力资本存量

人力资本是近年来兴起的反映劳动投入的新概念。OECD对人力资本的最新定义为"个人拥有的能够创造个人、社会和经济福祉的知识、技能、能力和素质"。反映一定时期一个国家或地区拥有人力资本的规模和水平的指标就是人力资本存量。

人力资本存量的测算主要有3种方法：未来收益法、累计成本法和教育存量法。

未来收益法是最早提出的用以测算人力资本水平的方法。基本思想是：人力资本的货币价值等于未来每年预期收益的价值总和。未来收益法实际上是运用保险的原理，通过未来收益的折现来估计现实人力资本水平。然而，未来收益法需要准确及时的人口死亡率资料、不同年龄的失业率和受教育程度资料等，这些都不是我国现有统计体系所能满足的，因而未来收益法作为学术研究无可厚非，但用于实际应用仍缺乏可操作性。

累计成本法体现了经济学的成本核算原理，即人力资本价值等于人在成长中花费的一切支出的总和。需要考虑到劳动者在成长过程中所受的教育培训、卫生保健、流动迁徙等费用支出，将这些费用支出加以累计，并进行价格调整。与未来收益法一样，由于计算复杂，即使在发达国家也还处于学术研究阶段。

教育存量法是以教育的成就或国民的受教育程度来描述人力资本水平。教育形成的知识构成了人力资本的核心内容，教育的成就越大，人力资本的投入通常也越多，国民的受教育程度越高，人力资本的存量也越大。

教育存量可以从许多不同的角度来度量，如平均受教育年限，学校入学率，基于学习年限和工作经验的指数值等。

近年来，国内学者采用平均受教育年限估算人力资本存量。这种方式的优点是直观和易于操作，而且数据取得容易，因为每年政府统计都发布按受教育年限分组的人口数据。但问题也较明显，一是受教育年限分组数据是人口数据而不是就业人员数据，二是只考虑受教育程度与将人力作为资本的定义不太符合，对于社会不同的劳动需求，机械地认为受过高等教育的劳动者必然等于其他劳动者的倍加存在较大的随意性，何况国内不同院校受教育质量的差距，同样受教育程度不同年龄段的差距都影响到人力资本的质量。

5.3 资本投入

5.3.1 有关资本投入的讨论

资本投入量的选择和测算比劳动投入量更为复杂。Hichs（1981）曾指出："资本测量是经济学家交给统计学者们最困难的任务。"有关资本投入至今有以下几个存在争议的理论问题。

资本的生产性问题。资本既可以看作生产要素，也可以看作财富。《OECD手册》定义资本应作为生产性资本来看待，但在现实中我们很难在统计核算中将资本的这两个作用严格区分开来。此外，如果作为生产要素看待，"生产领域"与"全社会"如何衔接？"生产性"和"非生产性"如何划分也是难解的问题。

资本利用率问题。在完全的市场经济环境下，资本一经投入是不会闲置的，但在现实的生产过程中却存在各种形式的闲置资本。统计上的资本投入是报表上的投入而不是实际投入。那么，闲置资本应不应该分摊资本投入的贡献？一种意见认为，即使是闲置资本也应算作资本投入，因为TFP就是要测算投入产出效率，资本被充分利用表明效率高，出现闲置资本表明效率低下。另一种意见认为，生产函数考查的是在完全的市场条件下，现实的要素投入和产出之间的效率，资本闲置应视为没有投入，就如同失业人员或其他社会闲散人员不应计入劳动投入一样。

资本价值转移问题。资本的主要表现形式是固定资产，其特点是在生产过程中使用价值形态不发生变化，价值逐步转移到产出中。那么，在测算中是计入全部资本的价值，还是只计入逐步转移到产出中的部分呢？投入是全部资本的投入还是转移到产出中的部分呢？

资本投入是否仅指固定资本投入，而不包括中间产品的投入，也是学术界存在争议的问题。从实际生产过程看，首先在固定资本投入和劳动投入既定的情况下，中间投入的变化确实会影响 TFP 的变化。其次中间投入既可以外包，也可以自主生产，也可以两者兼而有之。因此，中间投入和自主生产占比的变化也会影响到 TFP 的变化。

以上问题众说纷纭，莫衷一是，只能由专家学者通过充分的讨论才有可能给出合理答案，在此提出仅供读者思考。

5.3.2 资本形成总额和固定资本形成总额

资本形成总额（简称资本形成）和固定资本形成总额（简称固定资本形成）是两个密切联系的、属于国民账户核算体系的指标。资本形成包括固定资本形成和存货变动两个部分。

固定资本形成总额是指常住单位在一定时期获得的固定资产减去处置[①]的固定资产的价值总额。固定资产是通过生产活动生产出来的，且使用年限在一年以上、单位价值在规定标准以上的资产，不包括自然资产、耐用消费品、小型工器具。固定资本形成总额包括住宅、其他建筑和构筑物、机器和设备、培育性生物

---

① 参见 OECD 编著《资本测算手册》（王益烜译，中国统计出版社 2004 年 12 月出版）处置指的是"当资产离开某一生产者的资本存量而被废弃或被用于另一生产者的生产中时，便发生资产的处置"。

资源、知识产权产品（研发支出、矿藏的勘探、计算机软件）。

存货变动是指常住单位在一定时期内存货实物量变动的市场价值，即期末价值减去期初价值的差额，再扣除当期由于价格变动而产生的持有收益。存货包括生产单位购进的原材料、燃料和储备物资等存货，以及生产单位生产的产成品、在制品和半成品等存货。

从国内实际应用来看，固定资本形成是最为理想的反映资本投入的变量，而且采用比率明显高于资本形成。由于两者的实际增长速度十分接近，因而在缺少一方数据时，完全可以用另一方的增长速度替代。

5.3.3 固定资产投资和新增固定资产

固定资产投资是指以货币形式表现的在一定时期全社会建筑和购置固定资产活动的工作量及与此有关的费用的总称[①]，包括固定资产更新（局部和全部更新）、改建、扩建和新建等活动。

新增固定资产是指报告期内交付使用的固定资产价值。包括本年内建成投入生产或交付使用的工程投资和达到固定资产标准的设备、工具、器具的投资及有关应摊入的费用。该指标是表示固定资产投资成果的指标，也是反映建设进度、计算固定资产投资效果的重要指标。

固定资产投资反映了一定时期内实际投入的资本，新增固定资产是已经形成生产能力的资本，两者在反映资本投入上各有特色。近年来，许多政府统计的官方出版物已不再公布新增固定资产数据，因此在实际测算中，应用前者要多于后者。根据国家统计制度，固定资产投资和新增固定资产只对 500 万元以上的建设项目进行统计，而且这两个指标都包括购买土地和旧机器、旧房屋的支出，因而存在一定程度的重复计算。不过，由于国内有些地区和城市缺少完整的国民经济核算资料，采用固定资产投资或者新增固定资产不失为替代固定资本形成或资本形成的一种权宜变通方法。

---

① 资料来源：《中国统计年鉴 2019》。

需要指出的是，固定资本形成总额属于核算指标，它的核算基础来源于固定资产投资，两者之间从经济统计理论是讲不应该有较大差距，但在政府统计公开出版物上看，差别还是很大的，表5-1列举了《中国统计年鉴》中两个指标的历史数据，在21世纪初两者相差不多，但近年来差距却越来越大。

表5-1 资本形成、固定资本形成和固定资产投资比较（万元）

年 份	资本形成	固定资本形成	固定资产投资
2000	33961	32962	32918
2001	39716	37401	37214
2002	44311	42978	43500
2003	54851	52979	55567
2004	68156	64405	70477
2005	75954	74230	88774
2006	87875	85275	109998
2007	109625	102630	137324
2008	135199	124958	172828
2009	158301	152918	224599
2010	192015	181190	251684
2011	227593	213937	311485
2012	248390	237751	374695
2013	274177	263028	446294
2014	293783	281639	512021
2015	313070	301961	562000
2016	329727	318912	606466
2017	360627	346441	641238
2018	396645	380772	645675

注：资料来源历年《中国统计年鉴》。

5.3.4 资本服务量

以上讨论的反映资本投入的变量都有一个共同的特性，都是可能用于生产过程的资本总量，而不是逐步转移至产出中的资本投入量。比如，一个厂房或一套机械设备，建成后即算完成了固定资产投资，这个厂房或这套机械设备可能在建成之日起就投入了生产过程，但这个厂房或这套设备并不是"完全"投入到生产过程中，投入的只是其中一部分（价值逐步转移），因此测算即时投入到生产过程中的价值量更为合适。基于这种观点，发达国家，特别是OECD组织的专家认为这种即时投入到生产过程中的价值量，即资本服务量[①]才是反映资本投入最为理想的变量。

《资本测算手册》指出："资本在生产中的作用和劳动力的作用一样，在生产中资本存量和工人只被使用而不被消费，资本和劳动力的相关投入是服务流量，就像原材料和产出是流量而不是存量一样，劳动力以工作小时来测算。对于不同的资本种类，服务流量可以认为是机器的工作小时或者是一定时期内对楼房的使用。"

《资本测算手册》建议对于TFP测算应采用资本服务量，理由为："在增长计算模型中其他变量均为流量。这些流量包括作为自变量的劳动力和中间消耗，以及作为因变量的增加值和总产出，因此变量的'口径'不是一致的。在实际中，几乎所有增长计算模型和生产率研究都将自变量中的变化，如资本、劳动力和中间消耗、与因变量中的变化、增长值或总产出相联系"。

《OECD手册》也指出："资本服务指的是资本品在生产过程中所提供的服务流量。参照工时数是反映劳动投入的流量指标，相应的资本投入也应使用实际的资本投入流量指标来反映。"例如，一个工厂有20辆卡车，则每一时期将产生20单位的资本服务。

2本手册都提出投入变量和产出变量之间口径一致的问题，但并没有否定资本存量不能作为资本投入变量。

参考上述手册，资本服务量的数据的取得有以下几种方式：

[①] 《OECD手册》对资本服务量有十分详细的介绍，感兴趣的读者可参阅学习。

一是利用资本服务价格分类测算资本服务量的方法，这是两本手册基于发达国家统计数据的现状提出的方法。资本服务价格又称为使用者成本，由各类资本品的租赁价格确定，即用对外租赁资本品价格作为参照来估计所有资本品（包括自用的）的使用者成本。这对于微观企业或有着详细财务数据的经济体无疑是最便捷规范的方法。

二是利用各类资本存量数据按一定比例估算，如果能够抽样取得样本数据，有可能得到较理想的结果，而且比上述方法更简捷。

5.3.5 折旧额

固定资产折旧是指由于自然退化、正常淘汰或损耗而导致的固定资产价值减少的部分，用以代表固定资产通过生产过程被转移到产出中的价值。理论经济学认为折旧应等价于资本向产出的转移，基于这样的理论，就可以用固定资产折旧代表投入到生产过程中的服务价值。因此，在缺少更为详细的资本服务量数据的情况下就可以用资本转移价值替代，即用折旧额来替代。虽然现实中存在快速提取折旧或延迟提取折旧的方法，而且这种替代方式十分简捷，省却了繁杂的计算，不失为可供选择的实用方法。

其实折旧额与资本服务量有许多相似之处。体现在：都与资本价值转移有关；都和使用者成本密切联系；都属于资本流量。假设资本服务就是付出了资本品消耗掉的价值，那么用折旧额代表资本服务量在逻辑上是说得通的。在《总量生产率与产业生产率关联研究报告》[①]中对此做了有益的尝试，无论是总量层次的资本投入还是产业层次的资本投入，都使用了经过整理后的折旧额来代替资本服务量，取得了较好的效果。

5.3.6 资产总计、固定资产合计、固定资产原（净）值

财务数据是资本投入数据的重要选择途径之一，特别是针对产业或行业资本

---

① 《总量生产率与产业生产率关联研究报告》是国家软科学研究计划邀标项目（2012GXS2B010）。承担单位：国家统计局统计科学研究所。

投入而言。改革开放以来，我国部门统计逐步走上"会统合一"之路，许多统计数据，特别是工业企业数据与财务数据已经没有太大差别了。

在国内政府统计制度中，工业企业统计制度较为健全，一般对工业及各行业进行测算时，可能通过工业企业财务统计，得到资产总计、固定资产合计、固定资产原值、固定资产净值、折旧额等来反映。

资产总计是指企业拥有或控制的能以货币计量的经济资源，包括各种财产、债权和其他权利。资产按流动性分为流动资产、长期投资、固定资产、无形资产、递延资产和其他资产[①]。

固定资产合计是指使用期限超过一年，单位价值在规定标准以上，并且在使用过程中保持原有物质形态的资产，包括固定资产的折旧、固定资产的后续支出、固定资产的弃置费用、备品备件和维修设备，经营租入固定资产改良。

固定资产原值是指企业在建造、购置、安装、改建、扩建及改造某项固定资产时所支出的全部货币总额，它一般包括买价、包装费、运杂费和安装费等。

固定资产净值是指固定资产原价减去历年已提折旧额后的净额（累计折旧）。具体计算公式为：

$$固定资产净值 = 固定资产原价 - 累计折旧额。$$

如果是工业TFP测算，用固定资产净值应该是最理想的反映资本投入的指标。有些人认为还应该加上流动资金年平均余额，之所以要加上流动资金，是因为流动资金也是资本投入的一部分。但另一种观点认为，企业的流动资金一般总是一个常量，而且流动资金的用途主要是原材料、燃料、各种耗材的消费并在生产过程中及时转移到产品或服务中去，因此不用算作资本投入。两种意见都有一定道理，不过，从前面提及的投入变量和产出变量对应关系看，如果产出指标是总产值或营业收入，最好加上流动资金；如果产出指标是增加值，则应该使用固定资产净值。

除工业外，国内多数地区的其他行业没有健全的固定资产原值或净值统计资料，只能使用资产总计或固定资产合计，好在实际测算中需要测算的是资本

[①] 资产总计、固定资产合计、固定资产净值指标解释来源于《中国统计年鉴2019》。

投入速度，经实际测算，特别是五年移动平均后，这几个指标之间差别不大，如表 5-2 所示，在个别年份完全可以相互插补或替换。

表5-2 规模以上工业资本投入速度

年份	环比发展速度（%）				五年移动平均速度（%）			
	资产总计	固定资产合计	固定资产原价	固定资产净值	资产总计	固定资产合计	固定资产原价	固定资产净值
2001	107.3	106.7	109.7	107.2	—	—	—	—
2002	108.0	107.0	108.8	107.4	—	—	—	—
2003	115.4	111.3	112.4	112.2	—	—	—	—
2004	127.6	122.1	119.1	120.4	—	—	—	—
2005	113.7	114.9	113.8	113.0	114.2	112.2	112.7	111.9
2006	119.0	118.2	118.0	118.5	116.6	114.6	114.4	114.2
2007	121.2	117.2	117.7	117.4	119.3	116.7	116.2	116.2
2008	122.2	122.1	123.5	122.6	120.6	118.9	118.4	118.3
2009	114.5	115.7	113.5	113.4	118.0	117.6	117.7	116.9
2010	120.1	114.8	120.2	117.6	119.4	117.6	118.5	117.9
2011	114.0	106.3	115.3	108.3	118.3	115.1	118.0	115.8
2012	113.7	112.1	112.5	112.2	116.8	114.1	116.9	114.7
2013	113.3	111.4	114.9	113.3	115.1	112.0	115.3	112.9
2014	109.9	112.5	112.9	112.7	114.1	111.4	115.1	112.8
2015	107.0	106.1	107.0	105.6	111.5	109.7	112.5	110.4
2016	106.1	103.4	107.8	105.4	109.9	109.0	111.0	109.8
2017	103.3	94.1	99.0	98.5	107.9	105.3	108.2	106.9
2018	101.1	99.4	100.0	101.4	105.4	102.9	105.2	104.6

注：原始数据来源于历年《中国工业统计年鉴》。

5.3.7 反映资本投入的实物量指标

实物量指标也是资本投入指标的选择之一。对于有些行业，实物量指标更具特色，如农业的农业机械总动力、建筑业的施工机械设备台数或功率、交通运输业中的运输工具的数量或吨位等。由于现有政府统计对这些行业的资本投入测算基本上是空白，因而有实物量指标不失为一种较好的弥补方式。

5.4 资本存量[①]

5.4.1 资本存量总额和资本存量净额

在生产过程中发挥作用的不仅有当年形成的资本，还有历年形成的资本，有些优质资本即使是几十年乃至几百年后仍在生产过程中发挥作用。因此，在测算资本投入时需要考虑资本存量。

资本存量分为资本存量总额和资本存量净额。前者指的是按实际的或是估计的同类型新资本的现期购买者价格估价的、所有仍在使用的固定资本的价值，不考虑固定资本使用年限的长短。后者指的是所有仍在使用的固定资本的减记值之和[②]，两者相差为固定资本消耗。

5.4.2 固定资本消耗

固定资本消耗又称为固定资本损耗，指的是核算期内由于自然变质、正常的过时或正常的意外损坏而造成的，在生产中使用的固定资本价值的减少[③]。与固定资本总额相比，使用固定资本存量净额反映资本投入量更为合适，因此需要在测算资本投入量时将已经消耗掉的、不能在生产过程中发挥作用

[①] 许多国内经济学文献中称为物质资本存量，笔者认为并不严格，现有反映资本存量的指标都既包括物质资本，也包括非物质资本，如无形资本等。

[②] 资料来源：《资本测算手册》，第72页。

[③] 资料来源：《资本测算手册》，第71页。

的资本扣除。

需要指出的是，不同研究文献对固定资本消耗有不同的理解。一是将看作财富价值的减少，二是从生产的角度看待固定资本效率的减少[①]，"当资本品老化时所导致的生产能力的丧失"。前者随着时间的延长与资本价格关联，后者随着时间的延长与资本效率关联。

严格来说，扣除固定资本消耗需要考虑资本的退役模式和在生产过程中使用效率的变化。

5.4.3 退役模式

退役模式是指资本报废或丢弃方式。设资本的退役函数为 $F(\tau)$，它表明使用年限为 τ 的仍在服务的资产份额。$F(\tau)$ 是递减的，在 0（某一特定年份所有资产都退役）与 1（所有资产都存在）之间取值。

建立退役函数时，需要涉及不同资产的服务寿命和该服务寿命分布的假设。常用的退役模式有同时退役、直线退役和钟形退役。同时退役模式假定资本品在服务寿命结束时一次性退役。直线退役模式假定资本品从投入生产过程开始直到退役，每年按同样的退役率报废。钟形退役模式假设投入生产过程后逐步退役，在平均使用年限附近退役率达到顶峰，有各种数学函数适用于钟形退役方式，如温弗里（Winfrey）曲线、威布尔（Weibull）分布及正态分布等。

5.4.4 年龄-效率函数

年龄-效率函数用来测算资本品随着时间变化导致的生产能力损失。年龄-效率函数和退役模式共同反映退化、磨损和退役相结合所产生的影响。

设年龄-效率函数为 $d(\tau)$，对于某一资本而言，全新时的效率为 1，资本使用效率表现为非增状态，而当该资产最终退役或报废时，其效率降低为 0，

[①] 资料来源：《OECD 手册》。

即对于 $\tau=0$，1，2，…

$$\begin{cases} d(0)=1 \\ d(\tau)-d(\tau-1) \leqslant 0 \\ \lim_{\tau \to \infty} d(\tau)=0 \end{cases} \quad (5-1)$$

由于资本效率随着役龄增加而下降，要保持原有的效率必须进行重置。若将一项投资从役龄 $\tau-1$ 到役龄 τ 间效率的减少称为死亡率 $m(\tau)$，则：

$$m(\tau) = d(\tau-1) - d(\tau) = -[d(\tau) - d(\tau-1)] \quad (5-2)$$

如果当前资本存量中的资本品是从 τ 年前开始购买，即该资本品的最大役龄为 τ，用 $\delta(\tau)$ 表示保持资本存量效率不变需重置的资本比率，则可以表示为：

$$\delta(\tau) = m(1)\delta(\tau-1) + m(2)\delta(\tau-2) + \cdots + m(\tau)\delta(0), \tau=0,1,2,\cdots \quad (5-3)$$

由于资产效率的直接测量非常困难，因此一般假设资产效率在使用期限内呈现系统性下降趋势，常用的年龄-效率函数有以下几种：

①单架马车模式。假定资产在使用年限 T 内保持效率不变，当超过使用年限时其效率即刻变为 0，即：

$$d(\tau)=\begin{cases} 1, & \tau=0,1,2,\cdots,T-1 \\ 0, & \tau=T,\cdots \end{cases} \quad (5-4)$$

相应的死亡率和重置率分别为：

$$m(\tau)=\begin{cases} 0, & \tau \neq T \\ 1, & \tau=T \end{cases} \quad \delta(\tau)=\begin{cases} 1, & \tau \neq kT \\ 0, & \tau=kT, (k=1,2,\cdots) \end{cases} \quad (5-5)$$

于是，在单驾马车模式下，资产在使用期限内所提供的服务量不会变少。

②线性递减模式。假定资产的效率每年以同样的数量下降，使用年限结束时其生产能力完全耗尽。其函数为：

$$d(\tau)=\begin{cases} 1-\dfrac{\tau}{T}, & \tau=0,1,2,\cdots,T \\ 0, & \tau=T, T+1,\cdots \end{cases} \quad (5-6)$$

相应的死亡率和重置率分别为：

$$m(\tau)=\begin{cases}\dfrac{1}{T}, & \tau=1, 2, \cdots, T \\ 0, & \tau=(T+1), \cdots\end{cases}$$

$$\delta(\tau)=\dfrac{1}{T}\left(1+\dfrac{1}{T}\right)^{\tau-1}, \tau=1, 2, \cdots \qquad (5-7)$$

③几何递减模式。假定资产的效率每年按固定比率下降。在这种模式下,资产在服务的第一年下降的绝对量最大,随后年份每年下降比率相同,但绝对量逐渐减少。设这一固定比率为 δ ,则:

$$d(\tau)=(1-\delta)^{\tau}, \tau=1, 2, \cdots \qquad (5-8)$$

相应的死亡率和重置率分别为:

$$m(\tau)=\delta(1-\delta)^{\tau}, \tau=1, 2, \cdots$$

$$\delta(\tau)=\delta, \tau=1, 2, \cdots$$

5.4.5 永续盘存法

国内外广泛采用永续盘存法作为估算资本存量的基本方法,在资本存量估算中占据了主流地位。

永续盘存法的实质是对以往购置的并估算出使用年限的资本进行累加。该方法的理论基础来自耐用品生产模型,资本品在使用过程中其效率会随着使用年限的增加而发生变化,也就是说资本价值会发生改变,因而永续盘存法在对资本进行累加时根据耐用品生产模型考虑了资本效率的改变。

运用永续盘存法测算资本存量的公式为:

$$K(t)=\sum_{\tau=0}^{T}d(\tau)\times F(\tau)\times I(T-\tau) \qquad (5-9)$$

式中, $K(t)$ 表示资本在 t 年的存量, $F(\tau)$ 为反映资产退役模式的退役函数, $d(\tau)$ 表示年龄-效率函数, $I(T-\tau)$ 表示过去投资的不同役龄的资产, T 表示资产的最长服务年限。

式(5-9)既考虑到退役模式,又考虑到效率变化,是因为两者之间毕竟是资本消耗过程中不同的两个因素。但两者之间会有相当部分重合，且效率的降低和退役的走势也是一致的，都是随时间的延长资本品生产能力减少。因此，在永续盘存时只考虑一种因素不失为简便的处理方式，考虑效率变化更为合理。

建立退役函数和时间-效率函数是发达国家及国际组织测算资本消耗首先考虑的问题。发达国家及国际组织有许多成功的案例可供参考，读者感兴趣可参阅《资本测算手册》或《OECD手册》。这些案例依据的是大量的、详细的、各种资本品实际的退役模式和效率变化的数据资料，才有可能建立起拟合函数。但国内类似的案例很少见，也可以说是基本没有，原因显而易见，就是缺少赖以测算的数据资料，从而不得不采取较为粗糙的测算方法。

5.4.6 折旧和折旧率

国内相关研究在测算资本存量时，虽然依照的也是永续盘存的思想，但具体测算时并不考虑资产的退役模式和资产效率的变化，而是在盘存过程中按一定的折旧率将资产的损耗扣除，常用的永续盘存公式为：

$$K(t) = I(t) + (1-\delta) \times K(t-1) \quad (5-10)$$

式中，$K(t)$为t期期末的资本存量，δ为折旧率，$I(t)$为t期资本投入量。

式（5-10）实际上是用折旧率包含代替了退役函数和年龄-效率函数，假定资本消耗为几何递减模式，重置和折旧[①]具有相同的形式。国内许多学者在估算资本存量时，都使用这种变通的永续盘存法。

变通的永续盘存法估算资本存量的一个核心问题是折旧率的确定，折旧率是当期资本消耗量占资本存量的比例，而反映资本消耗量的指标就是折旧额[②]。由于国内政府统计缺少系统的折旧额或折旧率的数据资料，学者们估算折旧额或折旧率的思路和方法可谓是"八仙过海"。

[①] Jorgenson认为："重置反映的是所有过去获得的资本货物的效率在现在的递减，而折旧反映的是所有资本货物的所有未来的效率递减的当前价值（贴现值）"。折旧是价值量的概念，重置是一个数量的概念。在永续盘存法的意义下估算资本存量，在估算公式中应该是重置率而不是折旧率，并且只有在相对效率几何递减模式中，折旧率和重置率才是相同的。

[②]《资本测算手册》，第71页。但有些文献认为资本消耗有别于折旧，如《OECD手册》。

李京文（1989、1993）首先使用直线折旧模式，然后根据几何折旧模式与直线折旧模式的关系及美国相关经验数据，推导出我国分行业的有效几何折旧模式。

张军扩（1991）、贺菊煌（1992）、张军等（2003）运用积累指数，因而回避了折旧问题。

王益煊等（2003）参照美国经济分析局（BEA）的数据，运用几何折旧法并结合中国的具体情况进行了调整，估算出了我国16个主要行业和7个固定资产分类的折旧率：城镇住宅折旧率为8%，非住宅建筑折旧率为9%左右，机器设备折旧率为3.6%~23.8%，市政建设折旧率为3.6%，役畜产品折旧率为11%，农村住宅和其他折旧率为1.5%。

黄勇峰等（2002）、孙琳琳等（2005）借鉴了Maddison（1993）的建议。假定在建筑安装投资寿命为40年，机器设备寿命为16年的基础上，估计了建筑安装的折旧率为17%，机器设备折旧率为8%。

张军等（2004）假定建筑和设备的平均寿命分别为45年和20年，其他类型的投资假定为25年。从而得到折旧率分别为6.9%、14.9%和12.1%，并计算了1952—2000年3类资本品在总固定资产中的平均比重，即建筑安装工程为63%、机器设备购置为29%、其他费用为8%，以此为权重得出了固定资本形成总额的经济折旧率为9.6%。

白重恩等（2007）假定在建筑安装投资寿命为38年，机器设备寿命为12年的基础上，估计建筑安装折旧率为24%，机器设备折旧率为8%，然后根据每年的建筑和机器设备的比重进行调整得到1978—2005年的折旧率在10.47%~12.06%。

单豪杰（2008）假定法定残值率[①]可以代替资本品的相对效率，那么在资本品寿命期限结束时，相对效率是新资本品的3%~5%，并且假定建筑年限为38年，设备年限为16年，分别估算出建筑的折旧率为8.12%，设备的折旧率为17.08%，然后根据年鉴提供的二者之间的平均比重进行加权得出每年的折旧率为10.96%。

叶宗裕（2010）假设在各省（自治区、直辖市）每年固定资本形成总额

[①] 我国法定残值率为3%~5%。

中，建筑安装工程投资与设备工器具购置投资所占比例与全社会固定资产投资中的相对比例完全相同，并将其他费用归并到建筑和机器设备上。并且假定建筑安装类和机器设备类资本的平均寿命年限为 40 年和 16 年，从而得到这两种资本的折旧率分别为 7.73% 和 18.22%。

上述学者采用估计的方法确定折旧率，大约是在 4%~10%。其实，计算折旧率还有更为简便可行的办法。对于全国和各省（自治区、直辖市），国民经济核算的收入法的国内生产总值（国内生产总值=劳动者报酬+固定资产折旧+生产税净额+营业盈余）中，已经包含有固定资产折旧额数据，并在历年的《中国统计年鉴》中列出。邹至庄（1993）、李治国等（2003）、何锦义（2006）就是直接使用的这种折旧额完成全国和各省（自治区、直辖市）的测算。

5.4.7 资本价格调整

测算资本存量涉及各个年份的资本投入量，具有不同的价格，价格调整在所难免。价格调整要用到价格指数，根据选定的反映资本投入的指标来确定。

如果是固定资产投资额或新增固定资产，政府统计有对应的固定资产投资价格指数，在政府统计机构出版的统计年鉴上可以查到。

如果是固定资本形成或资本形成，还需要用相应的名义速度和实际速度推出相应的价格指数，名义速度通过与基期的比较即可得到，则：

$$\text{固定资本形成价格指数} = \frac{\text{名义固定资本形成速度}}{\text{实际固定资本形成速度}} \times 100\%$$

$$= \frac{\dfrac{\text{当年固定资本形成}}{\text{上年固定资本形成}} \times 100\%}{\text{实际固定资本形成速度}} \quad (5-11)$$

式中，实际固定资本形成速度又称为固定资本形成指数，在 2008 年前公开出版的政府统计资料中可直接查到。之后政府统计不再公开发布，这样就只能通过其他指数，如 GDP 价格指数或固定资产投资价格指数对各年的现价固定资本形成进行价格调整。

如果价格指数是环比价格指数,是当年固定资本形成价格与上年固定资本形成价格的比较,为了把各个年份的固定资本形成换算成统一价格,还需要把各年份的环比价格指数调整为定基价格指数。

5.4.8 基年资本存量

运用永续盘存法估算资本存量,是以上期的资本存量为基础的,上期的资本存量,又是以上上期的资本存量为基础的,这样一直往上推及,总得有某一期的资本存量为基年存量,以此为出发点逐期盘存。一般来说基期选择越早,由基期资本存量的估计而产生的误差对后续时期的影响就越小。根据新中国政府统计资料开始年份看,多数是从国家统计局成立的 1952 年开始的,因此目前许多研究都是将基年定在 1952 年。然而不同学者采用的估计方法不同,得到的基年资本存量有相当大的差别。

贺菊煌(1992)根据生产性资本在 1964—1971 年的平均增长率等于 1971—1978 年的平均增长率,以及非生产性资本是生产性资本的一个比例,估算出 1952 年的资本存量为 946 亿元(1990 年价),换算成 1952 年价大约是 516 亿元。

美国经济学家帕金斯将 1953 年的资本总量估计为 2145 亿元,理由是假定当年的资本存量为当年国民收入的 3 倍。吴敬琏、张军扩(1991)通过分析验证,认为帕金斯的估计可信。因为一般认为"一五"时期我国经济效益比较好,而按此资本估值计算我国的资本产出系数为 3.15,"文化大革命"时期平均为 4.70,改革以来平均为 4.50,与人们的认识基本一致。因此,将资本存量确定为 1952 年价 2000 亿元。何枫等(2003)根据帕金斯的方法假设中国 1953 年资本产出比为 3.49,推算出 1952 年的资本存量为 5428.26 亿元(1990 年价),折算成 1952 年价约为 3100 亿元左右。

邹至庄(1993)利用 1952—1985 年国有、城镇集体、乡村集体、个人的固定资产和流动资产,全民所有制企业固定资产原值和净值数据,推算出 1952 年的固定资本存量为 1030 亿元(1952 年不变价)。

张军等(2003)根据上海市拥有的固定资产存量占全国资本存量的比例,上海投资占全国投资比例及上海 GDP 占全国 GDP 比例估算出 1952 年的资本存量为 800 亿元（1952 年价）。

孙琳琳和任若恩（2005）参考了黄勇峰和任若恩（2002）的研究方法，即根据 Yeh(1972)、Maddison(1995)、Albert Feuerwerker(1977)、Kuung chia(1972) 对中国早期投资和 GDP 的估算推算出中国早期的投资流，并利用永续盘存法推算出基期资本存量，其中建筑存量为 5132.1 亿元，设备存量为 1827.251 亿元，合计 6959.351 亿元（1980 年价），折算成 1952 年价约为 6660 亿元。在众多学者中估算存量规模最大。

单豪杰（2008）假定经济稳态的情况下存量资本的增长率与投资增长率是相等的，估算出 1952 年的资本存量大约是 342 亿元（1952 年价）。叶宗裕（2010）根据资本增长率估算全国 1952 年的资本存量为 610 亿元。

在实践中帕金斯、吴敬琏、张军扩等测算结果得到认可的相对较多，资本存量 2000 亿元（1952 年价格）似乎较为合理。实际上由于每年都要扣除折旧，时间序列越长，基年存量的影响就越小。按 2000 亿元计算，2007 年固定资本存量净额为 13.87 万亿元，按 800 亿元计算，则为 13.81 万亿元，相差不大。如果时间序列更长则相差更小。

5.4.9 固定资本形成存量净额的评估

根据政府统计出版物，或政府统计官网提供的数据，大致可以按上述路径测算出全国（不包括港、澳、台，下同）和各地区（省、自治区、直辖市，下同）的固定资本形成存量净额。但由于不同学者采用的基年估算方法不同，价格调整方法不同，折旧率估算方法不同，最终测算出的存量还是存在较显著的差异的。

表 5-3 是通过对国内文献的检索，从中找出时间序列较为连贯，资本存量处于同一水平的测算结果，并调整为同样的 1952 年价格。通过这些测算结果的比较可见，我国固定资本存量净额在 2000 年大致达到 6 万亿元左右的水平，在 2005 年大致达到 10 万亿元左右，在 2010 年大致达到 20 万亿元左右，大约五六年可翻一番。

表 5-3 部分学者测算结果比较（万元）

年份	贺菊煌	张军	何枫	王益煊 吴优	财政部参考值	何锦义 刘晓静	张军 章元	张军 吴桂英 张吉鹏	财政部参考值	郝枫	单豪杰	叶宗裕1	雷辉	叶宗裕2	郭庆旺, 贾俊雪
1952	1420	1420	2135	—	—	1927	800	807	—	750	342	610	800	2485	—
1960	3819	3819	4068	—	—	3646	1979	2091	—	2281	1794	2025	1079	3710	—
1970	6865	6865	7260	—	—	5912	5830	3159	—	4131	2788	3112	3098	5684	—
1978	13140	13140	13419	—	—	10849	12362	6267	—	8437	5641	6139	6206	8862	3806
1985	22433	22433	22969	15695	—	17688	20218	11088	—	14389	10489	11065	11003	14665	10806
1990	34780	34780	35313	22157	—	25860	31032	17224	—	21526	16422	17185	17100	21600	19625
1995	—	56630	55418	32611	—	40994	46623	19680	48022	35704	28754	29685	28979	34184	34434
1996	—	63063	61553	35156	—	45396	50880	—	53846	39898	32709	33570	32669	38335	38655
1997	—	69946	68189	37745	45022	49790	55733	—	59587	44065	36683	37484	36391	42807	43199
1998	—	77814	75364	40796	55846	54539	61582	46223	66235	48508	40873	41697	40447	47895	48525
1999	—	—	83150	—	59587	59469	67700	—	76188	53190	45247	46044	44648	53319	54081
2000	—	—	91583	—	66235	64730	74195	51056	84206	58167	49983	50754	49209	59345	59917
2001	—	—	100944	—	76188	70541	81413	—	—	63792	55264	55997	54431	65885	66508
2002	—	—	—	—	84206	77459	—	—	—	70426	61592	62269	60508	73656	74364
2003	—	—	—	—	—	86043	—	—	—	—	69712	70267	68228	83567	84222

续表

年份	贺菊煌	张军	何枫	王益煊 吴优	财政部参考值	何锦义 刘晓静	张军 章元	张军 吴桂英 张吉鹏	财政部参考值	郝枫	单豪杰	叶宗裕1	雷辉	叶宗裕2	郭庆旺、贾俊学
2004	—	—	—	—	—	96610	—	—	—	—	79085	29487	77269	95548	94818
2005	—	—	—	—	—	108613	—	—	—	—	90257	90467	88924	110518	—
2006	—	—	—	—	—	122877	—	—	—	—	103076	103069	102252	128006	—
2007	—	—	—	—	—	138315	—	—	—	—	—	116990	116996	148737	—
2008	—	—	—	—	—	155982	—	—	—	—	—	131872	—	172836	—
2009	—	—	—	—	—	178815	—	—	—	—	—	—	—	204018	—
2010	—	—	—	—	—	203985	—	—	—	—	—	—	—	—	—

由于 TFP 总是基于余值的测算，在增长速度方程中对余值起直接影响的不是资本存量的规模，而是资本存量的增长速度，上述学者测算的不同的规模却有可能得出同样的速度。根据表 5-3 中部分时间序列较长的测算结果计算资本存量的增长速度如表 5-4 所示。1978—2000 年，资本存量的增长速度大约在 8.5%~10%，进入 21 世纪后，资本投入的增长速度明显加快，大约为 12% 左右。

表5-4　根据部分学者测算结果计算资本存量的增长速度比较（%）

学　者	年　份	
	1978—2000	2000 年后
何　枫	9.12	—
何锦义、刘晓静	8.46	12.16（2000—2010）
张　军、章　元	8.49	—
郝　枫	9.17	—
张　军、吴桂英、张吉鹏	10.00	—
单豪杰	10.42	12.82（2000—2006）
叶宗裕	10.08	12.68（2000—2008）
雷　辉	9.87	—
叶宗裕（2010）	9.03	14.71（2000—2009）
郭庆旺、贾俊学	13.35	—

5.4.10　城市资本存量的测算

国内政府统计虽然号称集中统一的管理体制，但各地区、各城市，以及各部门的自由度相当大，对政府统计数据加工整理没有统一要求和标准，如对副省级及以下城市没有国民经济核算各项细分指标核算的要求，有些城市统计工作者业务能力强、责任心强，统计资料就细一些，否则就粗一些。而且对外发布统计数据的内容和时间也没有统一的要求和格式，这就使得副省级城市、地县级城市资本存量的测算存在诸多困难，只能采取一些变通方法。

按产出比例推算是一种可行办法。假定某一时期资本/产出比是恒定的，则城市资本存量占上一级行政区划资本存量的比重可等于该城市经济产出占上一级经济产出的比重。这样就可以依据上一级行政区划基期的资本存量推算出该城市基期的资本存量。

$$K_0^C = K_0^S \times \frac{Y_0^C}{Y_0^S} \times 100\% \qquad (5-12)$$

式中，K_0^C 为某城市基期固定资本存量，K_0^S 为该城市上一级行政区划（省）基期固定资本存量，Y_0^C 为该城市经济产出，Y_0^S 为该城市上一级行政区划（省）经济产出。

按照这样的思路，还可以按相关指标进行推算，如按固定资产投资额推算固定资本形成，按资本形成推算固定资本形成，按主要产业（行业）的资产指标推算全社会的资本存量等。

这一规律也适用于其他一些变量，如可以假设城市的价格变化和折旧率变化与上一级行政区划一致，如杭州与浙江省保持一致，哈尔滨和黑龙江省保持一致。价格调整可以利用上一级行政区划的价格指数，折旧率也可以使用上一级行政区划的折旧率替代。

5.5 测算结果是检验数据合理性的最终标准

自生产函数和索洛方程的引入开始，国内有关研究就面临着两个方面的问题，即测算方法问题和数据问题。有专家测算，将多种测算方法和不同数据选择进行排列组合，最多可以生成 200 多种测算结果。特别是数据问题，国内测算依赖的多为政府统计数据，而由于国家统计、地方统计、部门统计之间的割据，数出多门、数数不同的情况屡见不鲜，属于国内统计数据的常态，不足为怪。

20 世纪 80 年代中期，我国政府统计开始了统计制度的改革，由原来的物质产品平衡表体系（MPS）逐步向国民核算账户体系（SNA）转换。在一段时间内造成统计数据前后衔接出现问题，对生产率测算造成不少困难，虽然 20 世纪 90 年代后期政府统计部门的统计历史数据的调整和衔接工作取得很大进展，但在价格调整上，在基年存量的估计上、在折旧率的设定上、在资本投入量的估算上，甚至在就业人员的口径和各产业的衔接上仍然存在诸多问题，都需要展现研究者的"聪明才智"。许多研究者尝试一些新的测算方法，如超越对数方法、随机前沿方法、数据包络分析方法等，无疑从学术层面上为生产率测算的科学性提供了新的理论支持。但高深的模型、复杂的数据处理却不一定能够带来合理的测算结果。

例如，从理论上讲，超越对数生产函数引入二次项后增长速度方程不再是线性的，能使估计的参数精度提高。但在实践中估计出的参数仍有可能出现无法解释的负值。表5-5为利用国内某省统计数据进行的测算，结果劳动弹性系数连续在1978—1992年出现负值，使测算失效。

表5-5 超越对数函数弹性系数例示

年 份	S_{Lt}	S_{Kt}	β_t	α_t	年 份	S_{Lt}	S_{Kt}	β_t	α_t
1978	−0.18	1.46	−0.15	1.15	1993	0.00	1.13	0.00	1.00
1979	−0.17	1.44	−0.14	1.14	1994	0.02	1.10	0.02	0.98
1980	−0.16	1.42	−0.13	1.13	1995	0.03	1.06	0.03	0.97
1981	−0.15	1.40	−0.12	1.12	1996	0.05	1.03	0.05	0.95
1982	−0.14	1.38	−0.11	1.11	1997	0.06	1.00	0.06	0.94
1983	−0.13	1.36	−0.11	1.11	1998	0.08	0.97	0.07	0.93
1984	−0.12	1.34	−0.10	1.10	1999	0.09	0.94	0.09	0.91
1985	−0.10	1.31	−0.09	1.09	2000	0.10	0.91	0.10	0.90
1987	−0.08	1.26	−0.06	1.06	2002	0.13	0.85	0.13	0.87
1988	−0.06	1.23	−0.05	1.05	2003	0.15	0.81	0.15	0.85
1989	−0.05	1.21	−0.04	1.04	2004	0.17	0.77	0.18	0.82
1990	−0.04	1.22	−0.03	1.03	2005	0.18	0.73	0.20	0.80
1991	−0.03	1.20	−0.02	1.02	2006	0.20	0.69	0.23	0.77
1992	−0.01	1.17	−0.01	1.01	2007	0.22	0.65	0.25	0.75

数据来源：历年《中国统计年鉴》。

又如，在选择劳动投入变量时，普遍认为用就业人员数不如用劳动者报酬或人力资本存量等能够体现劳动投入质量的变量。但在其他变量相同时，用劳动者报酬（表5-6）和人力资本存量（表5-7）作为劳动投入变量，科技进步贡献率都出现负值，难以进行合理的解释。

表5-6 用就业人员数和劳动者报酬进行测算比较（%）

年 份	用就业人员数测算		用劳动者报酬测算	
	速 度	贡献率	速 度	贡献率
1978—1980	3.48	38.53	1.25	13.80
1981—1985	4.62	43.11	1.03	9.61
1986—1990	0.74	9.39	−2.61	−33.17
1991—1995	5.21	42.46	−2.87	−23.41
1996—2000	1.58	18.28	−0.96	−11.14
2001—2005	1.64	17.09	−0.76	−7.94
2002—2006	1.66	16.40	−1.19	−11.75
2003—2007	1.81	16.90	−1.76	−16.43
1981—1990	2.68	28.83	−0.79	−8.56
1991—2000	3.37	32.33	−1.83	−17.55
1978—2005	2.83	29.09	−0.92	−9.49

数据来源：历年《中国统计年鉴》。

表5-7 用人力资本存量数据测算

年 份	人力资本存量（万亿元）（1995年价）	人力资本存量指数	科技进步速度（%）	科技进步贡献率（%）
1995	1.13	100.00	3.04	27.88
1996	1.21	107.08	0.36	3.58
1997	1.59	131.40	−6.90	−74.17
1998	1.69	106.29	−0.76	−9.81

续表

年　份	人力资本存量（万亿元）（1995年价）	人力资本存量指数	科技进步速度（%）	科技进步贡献率（%）
1999	1.89	111.83	−2.28	−29.98
2000	2.86	151.32	−13.19	−157.05
2001	3.08	107.69	−0.29	−3.54
2002	3.35	108.77	−0.40	−4.36
2003	3.96	118.21	−3.22	−32.19
2004	4.29	108.33	−1.00	−9.86
2005	3.57	83.22	6.73	64.68
1996—2000	1.13	120.41	−4.20	−48.74
2001—2005	1.21	104.53	0.58	6.08

注：表中人力资本存量数据来源于浙江大学钱雪亚有关测算。

可见，无论什么理论，怎样的模型，使用什么数据，还是应以能够得到大家认可的结论为最终标准。过多地讲究"先进"理论、"先进"模型或是对数据进行极为复杂的处理，如果结果不合理则一切都无从谈起，也没有任何实际意义。

第六章 政府机构和国际组织有关研究

因生产率对经济增长的重要作用，世界各国政府和国际组织都十分重视生产率研究和测算。有些国家长期从事生产率研究，有些国家则不定期开展生产率研究，从国际组织看，OECD和亚洲生产率组织（API）长期以来定期发布生产率数据和分析报告，已成为世界各国学者和政府机构关注的重点。

6.1 国内有关研究

改革开放前，我国施行的是苏联模式的计划经济制度，其基本经济理论是马克思主义政治经济学，重视物质生产领域的生产和流通，劳动生产率是考核各级经济组织的重要指标，并注重其阶级属性。

改革开放后，全要素生产率理论和测算方法迅速普及，成为各部门各领域政府机构，特别是各级科技管理部门关注的重要指标。但我国有关生产率的研究一直处于政府资助和民间研究"混搭"的"半官半民"状态，多为政府出资支持，研究机构或研究者主持研究。由于缺少长期持续的资金支持，参与研究者众多，但持续研究者极少；运用方法多种多样，但对数据进行深度整理加工者少之又少。各级官方统计机构基本不直接参与生产率研究、测算和发布。有关国内研究的内容和成果已在第一章进行了较详细的论述，不再赘述。

从政府机构研究的角度看，2006年我国颁布了《国家中长期科学和技术发展规划纲要（2006—2020年）》，提出了五项创新指标，其中一项指标为科技进步贡献率（TFP 贡献率），设定目标为到 2020 年要达到 60%。我国《国民经济和社会发展第十三个五年规划纲要》提出，"十三五"期末，我国科技进步贡献率要在"十三五"期末达到 60%。许多地区也在当地的"十三五"规划中也提出有关科技进步贡献率的规划目标（表 6-1），从而使科技进步贡献率成为类似于 GDP 增长速度、万元 GDP 综合能耗等指标一样，成为政府管理部门，特别是各级科技管理部门倍受关注的指标。

表6-1　全国各地区科技进步贡献率规划目标（%）

地　区	2015 目标	2020 目标	目标值来源
北　京	—	—	—
天　津		70	中长期科技发展规划纲要
河　北	46	60	"十三五"规划（科技）
山　西			
内蒙古	42	55	"十三五"规划（科技）
辽　宁		57.5	振兴东北科技行动计划
吉　林	51.9	60	"十三五"规划（科技）
黑龙江	—	55	深化体制机制改革实施意见
上　海	—	—	—
江　苏	60	65	"十三五"规划（科技）
浙　江	57	65	"十三五"规划（科技）
安　徽	55	60	"十三五"规划（科技）
福　建	—	58	"十三五"规划（科技）
江　西	55	60	"十三五"规划（科技）
山　东	55.1	60.5	"十三五"规划（科技）
河　南	53.84	60	"十三五"规划（科技）
湖　北	—	—	—

续表

地区	2015目标	2020目标	目标值来源
湖南	53.2	60	"十三五"规划（科技）
广东	57	60	"十三五"规划（科技）
广西	48	55	"十三五"规划（科技）
海南	—	60	中长期人才发展规划
重庆	52.9	60	"十三五"规划（科技）
四川	50	60	"十三五"规划（科技）
贵州	45.42	50	"十三五"规划（科技）
云南	44.05	60	"十三五"规划（科技）
西藏	40	45	"十三五"规划（科技）
陕西	55.8（2014）	60	"十三五"规划（科技）
甘肃	50.3	55	"十三五"规划（科技）
青海	50	55	"十三五"规划（科技）
宁夏	49	55	"十三五"规划（科技）
新疆	50	60	"十三五"规划（科技）

自2007年起，在科技部有关部门主导研制的《全国科技进步统计监测报告》中，对科技进步速度和相关指标进行了测算（表6-2）。

表6-2 全要素生产率速度（%）

地区	2002—2006	2003—2007	2004—2008	2005—2009	2006—2010
北京	2.9	3.8	3.9	3.1	2.7
天津	7.1	6.3	4.9	3.5	2.8
河北	5.6	5.1	3.9	2.0	1.9
山西	6.0	5.0	3.2	0.1	0.1
内蒙古	4.7	3.0	2.9	1.5	0.4

续表

地区	2002—2006	2003—2007	2004—2008	2005—2009	2006—2010
辽宁	5.8	5.4	4.0	3.6	3.6
吉林	5.8	5.2	3.8	2.2	0.3
黑龙江	5.5	4.5	3.8	1.8	0.8
上海	4.7	5.6	5.2	3.9	4.2
江苏	5.0	4.3	3.8	3.0	2.5
浙江	3.9	3.4	3.1	2.3	2.3
安徽	4.3	4.1	4.3	3.9	4.0
福建	4.1	3.6	2.7	2.0	2.4
江西	5.0	3.7	3.2	3.0	3.4
山东	5.0	4.3	3.7	2.7	2.0
河南	4.7	4.2	3.5	1.8	1.0
湖北	5.0	4.9	5.1	4.4	4.5
湖南	4.9	4.8	4.6	4.0	3.9
广东	5.5	4.1	3.0	1.7	1.6
广西	5.7	5.3	5.1	4.0	2.8
海南	5.7	5.6	5.7	4.9	5.2
重庆	1.7	2.6	2.8	3.9	5.5
四川	6.3	5.7	4.7	4.3	4.4
贵州	5.1	5.3	5.5	5.3	5.3
云南	4.6	4.2	4.2	3.9	3.9
西藏	0.0	0.0	0.0	0.0	0.0
陕西	5.1	4.9	4.9	3.9	3.7
甘肃	4.7	5.1	4.7	3.7	3.3
青海	4.4	4.7	5.4	4.7	4.9

续表

地 区	2002—2006	2003—2007	2004—2008	2005—2009	2006—2010
宁 夏	4.6	4.7	5.1	4.2	4.4
新 疆	3.6	3.6	3.8	3.0	2.9
全 国	4.3	4.5	4.2	3.2	3.1

注：资料来源 2007—2011 年《全国科技进步统计监测报告》。

经测算，2002—2006 年我国年平均科技进步速度为 4.3%；可推算出对经济增长的贡献率为 42.0%；科技进步贡献额，即因科技进步而获得的经济增长量为 7824.6 亿元（1978 年价）。多要素生产率指数为 104.2%，即当生产要素发展速度为 100% 时，经济产出发展速度为 104.2%[①]。2003—2007 年科技进步贡献率仍保持为 42.0%，之后逐年下降，2004—2008 年为 39.9%，2005—2009 年为 31.1%，2006—2010 年为 29.6%。

从 2007 年开始，《中国科技统计年鉴》刊载有全国科技进步贡献率，与表 6-3 数据相对应，表中科技进步贡献率明显偏高，且逐年增长，应是测算方法不同所致。

表6-3　2003—2020年科技进步贡献率

时 期	%	时 期	%
2003—2007	46.0	2010—2014	54.2
2004—2008	48.8	2011—2015	55.3
2005—2009	48.4	2012—2016	56.4
2006—2010	50.9	2013—2017	57.8
2007—2011	51.7	2014—2018	58.7
2008—2012	52.2	2015—2019	59.5
2009—2013	53.1	2016—2020	60.2

① 运用 Törnqvist 指数计算。

6.2 美国劳工统计局有关研究

美国劳工统计局①（BLS）成立于1884年，隶属于美国劳动部，总部设在华盛顿。作为一个独立的联邦统计机构，BLS主要负责收集、整理、分析和发布劳动经济方面的重要统计数据，为各级政府部门制定经济和社会政策、为工商界和劳工组织决策提供劳动统计信息，是劳工的立法和相关规章制度的主要依据，也是劳动力市场研究的主要资料来源。BLS的统计内容包括六大部分：就业、失业等劳动力状况；消费者和生产者价格、消费支出、进出口价格、工资报酬；生产率和技术变化；就业预测；安全和健康统计；劳动统计国际比较等。

BLS进行生产率测算的时间较早，但同样也经历了从单要素生产率到全要素生产率的过渡。1926年，BLS开始提供就业人员和工时产出量资料。1949年之前，所有这些研究都是零散的，没有形成具有标志性意义的研究成果。1983年开始进行多要素生产率（MFP）的测算，每年测算3个主要经济部门，即私营企业、非农私营企业和制造业的生产率指数，并在《劳工统计月报》上公布，以此为制定相应政策提供科学的依据。1995年，因国际竞争日益加剧，BLS决定开展美国和其主要工业竞争对手（如日本、德国、法国等）的生产率的比较研究，以了解工业化国家的国际竞争力状况和生产率变动趋势。

6.2.1 生产率数据库

BLS生产率数据库主要收集和测量美国和各主要部门、主要行业生产率的变化趋势，分析影响生产率变化的主要因素，与其他国家的生产率、劳动力人数、失业率、居民消费价格指数和其他经济指标进行比较，旨在为经济分析及公共、私人政策规划提供数据服务。BLS收集了美国主要经济部门（商业部门、非农商业部门、制造业及非金融企业部门等）与生产率相关的一系列数据，包括劳动生

---

① 全称是 Bureau of Labor Statistics。

产率、MFP 和其他相关指标。

劳动生产率数据涵盖了各个主要经济部门关于投入、产出及劳动生产率增长率的年度/季度数据，包括劳动力投入、单位劳动力成本、现价美元总产出等指标。主要部门中，商业部门、非农商业部门和非金融企业部门的数据可以追溯到 1947 年，制造业的数据可以追溯到 1987 年。

MFP 数据包括近 35 年内私营商业部门、私营非农商业部门、制造业部门及制造业部门下的主要大、中、小类行业（基于 NAICS 2012[①]）的 MFP 年度增长率，以及要素投入、产出的年度增长率。其中，私营商业部门和私营非农商业部门的要素投入包括劳动力投入、资本投入，产出为增加值产出；制造业部门和主要制造业行业的要素投入包括劳动力投入、资本投入和中间购买（能源、原材料、服务）投入，产出为总产出。

6.2.2 劳动生产率

BLS 认为，劳动生产率作为一种经济指标，可以帮助经济决策者评估当前经济活动，对评估劳动需求，研究生产率、工资水平、价格及就业之间的关系都有重要作用。BLS 的劳动生产率测算采用的是用产出与工作时间的比值来刻画，即劳动生产率 = 实际产出/工作小时数。

测算年度劳动生产率时，商业部门和非农商业部门的产出指标为 GDP，实际数据由美国经济分析局（BEA）[②]发布。商业部门的实际产出由环比年度加权指数（Fisher 理想指数）来构建，在构建过程中要从 GDP 中除去政府、非营利机构、私人家庭的有偿雇员及自用住宅的租金。之所以排除这些活动，是因为这些活动很难从国民收入和生产账户（NIPA）[③]的产出中推断出生产率。在制造业

---

① 北美产业分类体系（North American Industry Classification System，NAICS）是联邦统计机构在对商业机构进行分类时使用的标准，最新的版本是 NAICS 2017。
② 全称是 Bureau of Economic Analysis。
③ 国民收入和生产账户（National Income and Product Accounts）是美国国民账户的一部分，由经济分析局编制。

中，产出指数是通过平减行业名义产值来构建的，部门内部的交易不包括在内。非金融企业的产出指数是从产品中获得的收入的链式加权指数，在计算劳动报酬时，方法与产出的计算方法类似，商业部门的劳动报酬由国内各行业的劳动报酬减去政府、非营利机构、自用住房的报酬来推算。

BLS 的"当前就业计划"提供了大部分工作时间和就业数据，包括：总就业情况的月度调查、非农业部门的就业和生产的周平均工作数等。用劳动时间变量测算了小时工、合同工、自由职业者的工作时间。BLS 在计算劳动生产率时，将各行业劳动时间进行加权，权重为各主要部门的每小时工资，用雇员及个体经营者的报酬除以所有劳动者的工作小时数求得。

测算季度劳动生产率时，产出指标为部门产出。制造业的产出指数为行业的实际产值，平减指数来源于 BLS 的"生产者价格"及其他数据库。制造业的季度指数由年度指数推算，使用 Frank Denton[①] 提出的"二次最小化"来调整年度总值，以行业生产月报中的数据作为参考。

表 6-4 列出了 2011—2020 年美国私营商业部门、私营非农商业部门、制造业部门、非金融企业部门等主要部门年度劳动生产率增长率的相关数据。结果显示，2020 年私营商业部门的劳动生产率增长率达2.5%，为近10年以来的最高值，相较 2019 年提高了 0.8 个百分点；从总产出上看，除了非金融企业部门保持了正增长外，其他主要部门的总产出受新冠肺炎疫情的影响出现了较大下滑，其中制造业部门相比 2019 年下降了 6.3 个百分点；从每小时工资上看，私营非农商业部门的增幅最高，达到 6.4%，比 2019 年提高了 2.7 个百分点；2020 年，制造业部门的单位劳动成本增长率为各部门中最高，达到 4.4%。

---

① Frank·Trevor·Denton（1930—），加拿大经济学家，加拿大麦克马斯特大学经济学系名誉教授，出版著作包括对应用计量经济学、人口经济学、劳动经济学、能源经济学和人口学的贡献。

表6-4 各主要部门年度劳动生产率增长率比较（%）

部门	年份	总产出	工时	劳动生产率	每小时工资	单位劳动成本
私营商业部门	2011	1.9	2.0	−0.1	2.1	2.2
	2012	3.0	2.3	0.8	2.8	2.0
	2013	2.4	1.5	0.9	1.4	0.6
	2014	3.1	2.4	0.7	2.6	1.9
	2015	3.8	2.3	1.5	2.9	1.5
	2016	1.9	1.4	0.4	1.1	0.7
	2017	2.7	1.5	1.2	3.6	2.3
	2018	3.5	1.9	1.6	3.4	1.8
	2019	2.4	0.7	1.7	3.7	1.9
	2020	−4.1	−6.4	2.5	6.3	3.7
	2011	2.0	2.0	0.0	2.2	2.2
	2012	3.1	2.3	0.8	2.7	1.8
	2013	2.2	1.7	0.5	1.3	0.8
	2014	3.2	2.3	0.9	2.8	1.9
	2015	3.7	2.1	1.6	3.1	1.6
	2016	1.8	1.4	0.4	1.1	0.7
	2017	2.8	1.5	1.2	3.5	2.3
	2018	3.5	2.0	1.4	3.3	1.9
	2019	2.5	0.7	1.8	3.7	1.9
	2020	−4.2	−6.5	2.5	6.4	3.8
制造业部门	2011	2.8	1.9	0.8	1.8	1.0
	2012	1.3	2.4	−1.0	1.7	2.7
	2013	1.9	0.8	1.1	0.5	−0.6
	2014	1.2	1.6	−0.4	2.8	3.2

续表

部 门	年 份	总产出	工 时	劳动生产率	每小时工资	单位劳动成本
制造业部门	2015	−0.9	1.0	−1.9	2.5	4.5
	2016	−0.1	0.1	−0.2	0.5	0.7
	2017	0.7	1.0	−0.3	3.3	3.6
	2018	2.3	1.9	0.4	2.1	1.7
	2019	0.0	−0.3	0.3	3.1	2.8
	2020	−6.3	−6.6	0.3	4.8	4.4
非金融企业部门	2011	2.7	2.7	0.0	2.2	2.2
	2012	3.7	2.4	1.2	2.9	1.7
	2013	2.5	2.0	0.5	1.4	0.9
	2014	3.2	2.7	0.4	2.6	2.2
	2015	3.0	2.2	0.8	3.0	2.3
	2016	0.2	1.5	−1.2	1.1	2.4
	2017	2.6	1.7	0.9	3.3	2.4
	2018	2.6	2.0	0.6	3.5	2.8
	2019	1.6	0.9	0.7	3.8	3.1
	2020	2.7	2.7	0.0	2.2	2.2

6.2.3 MFP

MFP 反映了新技术、规模经济、管理技能及生产组织变化等诸多要素的共同影响。1983 年以来，MFP 的计算从针对美国主要经济部门（商业部门、非农商业部门、制造业）扩大到 NAICS 中 18 个 3 位编码和 86 个 4 位的编码的制造行业、航空运输和铁路运输行业中，并在 2006 年对整个制造业的全要素生产率进行了修订。BLS 在计算 MFP 时利用 Törnqvist 加权的方法对投入进行了加权，在不同测算范围中使用的指数也不相同，主要有两种测算方法：第一种是基于增加值的 MFP，主要用于计算私营商业部门和私营非农商业部门的全要素生产率。第二种是基于总产出的 KLEMS-MFP，主要用于计算制造业整体及制造业部门下的主要大、中、小类行业的全要素生产率。

根据 BLS 数据库中的分类，可以对私营商业部门和私营非农商业部门 1993—2020 年的 MFP 及增加值产出、资本和劳动力投入的增长率进行比较，同时，数据库中也列出了资本和劳动力投入所占份额的大小（表 6-5—表 6-6）。

表6-5　1993—2020年私营商业部门全要素生产率增长率比较（%）

年份	增加值产出	劳动力投入	资本投入	全要素生产率	资本份额	劳动力份额
1993	2.9	3.4	3.3	−0.5	33.5	66.5
1994	4.8	4.7	3.8	0.4	33.9	66.1
1995	3.1	2.7	4.3	−0.1	34.4	65.6
1996	4.7	2.6	4.6	1.3	34.4	65.6
1997	5.2	3.4	5.2	1.2	34.1	65.9
1998	5.2	2.5	5.9	1.6	33.0	67.0
1999	5.7	1.9	6.3	2.3	33.2	66.8
2000	4.8	1.7	6.3	1.6	32.4	67.6
2001	0.8	−1.8	4.8	0.5	32.1	67.9
2002	1.8	−1.9	3.2	2.0	33.4	66.6
2003	3.3	−0.2	2.8	2.5	34.4	65.6
2004	4.3	1.5	2.8	2.3	34.9	65.1
2005	4.0	1.9	3.5	1.5	36.4	63.6
2006	3.5	2.5	3.8	0.4	36.5	63.5
2007	2.4	1.1	3.2	0.5	36.5	63.5
2008	−1.0	−1.4	2.7	−1.1	37.2	62.8
2009	−3.5	−6.5	1.0	0.3	37.7	62.3

续表

年份	增加值产出	劳动力投入	资本投入	全要素生产率	资本份额	劳动力份额
2010	3.3	0.5	0.8	2.7	39.1	60.9
2011	1.9	2.4	1.8	−0.2	39.1	60.9
2012	3.1	2.7	2.1	0.6	38.7	61.3
2013	2.5	1.8	2.5	0.4	39.3	60.7
2014	3.2	2.6	2.7	0.5	39.2	60.8
2015	3.8	2.5	2.9	1.1	38.5	61.5
2016	1.9	1.7	2.9	−0.3	38.4	61.6
2017	2.7	1.8	2.7	0.5	38.1	61.9
2018	3.5	2.3	2.8	1.0	38.3	61.7
2019	2.5	1.0	3.0	0.7	38.1	61.9
2020	−4.1	−5.1	2.4	−1.7	—	—

表6-6　1993—2020年私营非农商业部门全要素生产率增长率比较（%）

年份	增加值产出	劳动力投入	资本投入	全要素生产率	资本份额	劳动力份额
1993	3.1	3.6	3.4	−0.4	32.9	67.1
1994	4.6	4.3	3.9	0.4	33.3	66.7
1995	3.5	2.7	4.5	0.2	33.9	66.1
1996	4.5	2.9	4.8	1.0	33.8	66.2
1997	5.1	3.5	5.4	0.9	33.5	66.5
1998	5.4	2.6	6.1	1.5	32.5	67.5
1999	5.7	2.1	6.5	2.1	32.8	67.2
2000	4.7	1.7	6.5	1.5	31.9	68.1
2001	0.9	−1.6	4.9	0.5	31.6	68.4

续表

年 份	增加值产出	劳动力投入	资本投入	全要素生产率	资本份额	劳动力份额
2002	1.7	−2.0	3.4	2.0	33.0	67.0
2003	3.3	−0.1	2.9	2.3	33.9	66.1
2004	4.2	1.6	2.7	2.2	34.4	65.6
2005	4.0	1.9	3.4	1.5	35.9	64.1
2006	3.5	2.6	3.7	0.5	36.0	64.0
2007	2.5	1.2	3.4	0.5	36.1	63.9
2008	−1.0	−1.4	2.9	−1.2	36.8	63.2
2009	−3.6	−6.6	1.1	0.2	37.4	62.6
2010	3.3	0.5	0.8	2.7	38.6	61.4
2011	2.0	2.4	1.7	−0.1	38.5	61.5
2012	3.2	2.7	2.0	0.7	38.2	61.8
2013	2.3	2.0	2.5	0.1	38.7	61.3
2014	3.2	2.5	2.8	0.6	38.6	61.4
2015	3.8	2.4	3.1	1.1	38.0	62.0
2016	1.8	1.7	3.0	−0.4	38.0	62.0
2017	2.8	1.9	2.7	0.5	37.7	62.3
2018	3.5	2.4	2.8	0.9	37.9	62.1
2019	2.5	1.0	3.0	0.7	37.7	62.3
2020	−4.2	−5.2	2.4	−1.7	—	—

根据表中的数据可以看出，无论是私营商业部门还是私营非农商业部门，其MFP和各投入要素的增长幅度均与经济发展形势有着紧密的联系。例如，2008年的金融危机和2020年的新冠肺炎疫情都造成了巨大的冲击。2020年，私营商业部门增加值产出较上年下降了4.1个百分点，MFP较上年下降了1.7个百分点，下

降幅度达到历史最高水平；私营非农商业部分的劳动力投入较上年下降了5.2个百分点，资本投入尽管比上年有所增长，但增幅达到了2013年以来的最低水平，为2.4%。

表6-7和表6-8列出了5个制造业重点行业及总制造业（MN）、耐用品制造业（DM）、非耐用品制造业（ND）2010—2019年KLEMS-MFP增长率和指数的相关数据，这些行业的选取基于NAICS中的3位数制造业代码，涉及化工产品制造（325）、机械制造（333）、计算机和电子产品制造（334）、电气设备、电器及零件制造（335）及交通运输设备制造（336）等关键技术领域。

从增长率上来看，2019年美国制造业重点行业的KLEMS-MFP相比上年均有所下降，其中化工产品制造领域下降幅度最大，达到5.2%；其次是交通运输设备制造领域，比上年下降2.9%。从指数上来看，2019年仅在计算机和电子产品制造领域及电气设备、电器及零件制造领域相较2012年的全要素生产率实现了增长，其中计算机和电子产品制造领域增长幅度最大，提高了接近14个百分点。

表6-7 制造业重点行业KLEMS-MFP增长率（%）

NAICS代码	年份									
	2010	2011	2012	2013	2014	2015	2016	2017	2018	2019
325	3.1	-2.7	-6.0	-0.9	-0.4	-3.3	-0.3	-1.1	-0.4	-5.2
333	4.1	3.7	-1.0	-0.9	-1.8	-4.1	-2.7	1.7	2.6	-1.9
334	8.2	1.5	-1.6	-1.0	2.0	3.2	-0.2	3.9	3.6	-0.1
335	1.8	-1.0	0.0	2.9	-2.9	5.5	-4.8	1.1	1.6	-1.0
336	17.3	4.1	5.7	-1.3	-0.4	-2.1	-1.6	0.5	-1.2	-2.9
MN	-3.7	-0.5	-1.6	-0.1	1.1	-0.8	-2.3	0.8	0.7	-1.6
DM	-5.4	1.9	0.5	-0.1	-0.4	-0.5	-1.3	1.3	0.9	-1.2
ND	-1.8	-2.3	-3.0	-0.1	2.3	-1.0	-2.9	0.3	0.5	-1.7

表6-8 制造业重点行业KLEMS-MFP指数（2012=100）

NAICS代码	年份									
	2010	2011	2012	2013	2014	2015	2016	2017	2018	2019
325	109.33	106.40	100	99.14	98.74	95.50	95.17	94.15	93.80	88.88
333	97.49	101.05	100	99.12	97.35	93.41	90.88	92.44	94.81	92.98
334	100.14	101.65	100	100.92	102.94	106.21	106.01	110.11	114.06	113.94
335	100.99	99.96	100	102.86	99.89	105.35	100.34	101.49	103.09	102.04
336	90.92	94.64	100	98.72	98.34	96.26	94.73	95.16	94.00	91.26
MN	102.09	101.62	100	99.92	101.03	100.24	97.97	98.76	99.50	97.91
DM	97.67	99.54	100	99.93	99.53	99.02	97.69	98.98	99.91	98.72
ND	105.50	103.11	100	99.93	102.22	101.19	98.26	98.51	99.03	97.30

6.2.4 与生产率相关的出版物

BLS 除了拥有关于劳动生产率的数据库之外，也提供了许多有关生产率的出版物供参阅，可以大致分为两类：一类为生产率的测算方法手册和指南，另一类是年度、季度的指标解读和分析报告及与生产率相关的研究论文。

第一类包括 2007 年 9 月出版的《BLS-MFP 测量技术信息》[①]（*Technical Information About the BLS Multifactor Productivity Measures*）及 2008 年 3 月出版的《BLS 主要部门劳动生产率和成本测量技术信息》[②]（*Technical Information About the BLS Major Sector Productivity and Costs Measures*）等，这些测算手册详细介绍了生产率的测算方法、测算过程、数据来源及技术参考资料等，对于研究者学习生产率相关的测算知识有很大的帮助。

第二类出版物数量众多，其中年度、季度指标解读和分析报告为研究者提

---

① 报告网址：https://www.bls.gov/mfp/mfprtech.pdf。
② 报告网址：https://www.bls.gov/lpc/lpcmethods.pdf。

供了全面、及时的生产率及相关指标的数据，对于了解美国各经济部门、各主要行业的生产率状况提供了一个很好的平台。例如，每个年度出版的《MFP趋势》（*Multifactor Productivity Trends*）及《生产率和成本》（*Productivity and Costs*）这两份报告，利用大量的图表数据说明了美国该年度劳动生产率和MFP的变化水平，包括各经济部门全要素生产率的增长、各要素投入量以及贡献程度的变化及与生产率相关的其他指标的即期和往期数据，具有极强的研究和参考意义；与生产率相关的研究论文，如《美国生产率放缓：经济层面和行业层面的分析》（*The U.S. Productivity Slowdown：An Economy-wide and Industry-level Analysis*）、《BLS-MFP劳动力构成的变化》（*Changes in the Composition of Labor for BLS Multifactor Productivity*）等分析了经济周期、失业率等因素变化对劳动生产率、MFP及各投入要素的影响，旨在探讨2005年以来美国经济增长放缓的根本原因。研究者可以通过这些分析报告了解当前美国生产率研究的新动态，发掘新的研究思路和研究方法。

6.3 英国生产率研究

英国是进行国民经济核算最早的国家之一，有着成熟的国民经济核算体系。英国统计局作为国民经济核算的重要部门，长期对经济发展问题进行统计分析研究，创建了庞大且完善的数据库，特别是对生产率的相关研究十分重视，定期测算并发布生产率数据和分析报告，为英国生产率的提升和经济社会可持续发展提供数据支持和指导。

6.3.1 生产率数据库

英国统计局网站包含大量统计数据、分析报告及出版物，网站内容主要分为4个模块，分别为商业、工业和贸易，经济，就业和劳动力市场，人口与社区。其中共包含25个专题，包括：国际收支，收入和劳动时间，经济不活跃度，就业和就业类型，国内生产总值，总增加值（GVA），通货膨胀和价格指数，国际贸易，投资养老金和信托，生产率，休闲和旅游，制造业和加工业，并购，失业福利，产出，公共部门融资，公共部门人员，公共开支，裁员，研发支出，零售业，附属账户，旅游产业，英国部门账户，失业。涉及生产率的主要在经济模块下，包含生产率数据库和相关出版物等。

劳动生产率数据库包含了按行业划分的劳动生产率、按城市区域划分的劳动生产率指数、劳动生产率贡献率 [运用 Tang 和 Wang（2004）中描述的"广义精确加和分解"（GEAD）方法估算劳动生产率贡献，按每小时产出量 –OPH 进行估算]，并且按季度和年度进行统计。为了方便研究者使用，数据库中的数据都注有说明，包括：数据来源、数据计算方法、数据调整情况（季节性调整）及数据使用的注意事项等。数据库还提供便捷的下载通道，方便使用者查看和下载。

在 MFP 数据库中，按照行业分类标准（SIC 2007），对 MFP 进行年度和季度的统计，包括 21 个门类，分别为：农业、林业和渔业（A），采矿和采石业（B），制造业（C），电力、煤气、蒸汽业（D），供水、污水及废物处理业（E），建筑业（F），批发零售贸易和修理业（G），运输和储存业（H），住宿及餐饮活动（I），信息通讯业（J），金融及保险业（K），房地产业（L），高技术业（M），行政和支持活动业（N），公共行政、国防及社会保障（O），教育业（P），人类健康和社会工作活动（Q），艺术娱乐和休闲业（R），其他服务业（S），家庭作为雇主的活动（T），域外组织和机构的活动（U）。

6.3.2 劳动生产率

劳动生产率在分析给定时期内的经济表现具有重要作用，且具有易于统计的特点，英国统计局以每小时的产出作为劳动生产率的衡量标准，并在劳动生产率数据库中以指数形式提供了 1971—2020 年的年度劳动生产率数据和各季度的劳动生产率数据（表 6-9、表 6-10）。

表6-9　年度劳动生产率（2018=100）

年　份	劳动生产率（%）	年　份	劳动生产率（%）
1971	43.7	1996	76.8
1972	44.9	1997	77.7
1973	47.0	1998	79.8
1974	46.2	1999	81.5
1975	46.5	2000	84.5
1976	48.3	2001	85.9
1977	49.0	2002	87.9
1978	50.6	2003	90.5
1979	51.8	2004	91.8
1980	51.8	2005	93.8
1981	54.1	2006	95.6
1982	56.5	2007	96.9
1983	59.5	2008	96.2
1984	59.2	2009	95.1
1985	60.9	2010	96.8
1986	62.4	2011	98.0
1987	64.3	2012	97.4
1988	65.5	2013	97.8
1989	65.4	2014	97.9
1990	66.2	2015	98.6
1991	68.5	2016	98.8
1992	70.8	2017	99.5
1993	73.5	2018	100.0
1994	75.0	2019	100.2
1995	75.7	2020	100.6

表6-10 季度劳动生产率（2018=100）

年份/季度	劳动生产率（%）	年份/季度	劳动生产率（%）	年份/季度	劳动生产率（%）	年份/季度	劳动生产率（%）
1971 Q1	42.6	1976 Q2	47.8	1981 Q3	54.7	1986 Q4	63.2
1971 Q2	43.4	1976 Q3	48.3	1981 Q4	55.2	1987 Q1	63.5
1971 Q3	44.2	1976 Q4	49.1	1982 Q1	55.4	1987 Q2	64.1
1971 Q4	44.5	1977 Q1	49.3	1982 Q2	56.3	1987 Q3	64.8
1972 Q1	44.1	1977 Q2	48.6	1982 Q3	56.9	1987 Q4	64.8
1972 Q2	45.0	1977 Q3	48.8	1982 Q4	57.6	1988 Q1	65.3
1972 Q3	45.1	1977 Q4	49.6	1983 Q1	59.1	1988 Q2	65.2
1972 Q4	45.5	1978 Q1	50.0	1983 Q2	59.5	1988 Q3	65.7
1973 Q1	47.3	1978 Q2	50.3	1983 Q3	59.7	1988 Q4	65.8
1973 Q2	47.3	1978 Q3	50.9	1983 Q4	59.7	1989 Q1	65.4
1973 Q3	46.8	1978 Q4	51.1	1984 Q1	59.8	1989 Q2	65.4
1973 Q4	46.6	1979 Q1	50.6	1984 Q2	58.8	1989 Q3	65.3
1974 Q1	45.5	1979 Q2	52.7	1984 Q3	58.7	1989 Q4	65.4
1974 Q2	46.3	1979 Q3	51.7	1984 Q4	59.5	1990 Q1	65.8
1974 Q3	46.8	1979 Q4	52.1	1985 Q1	60.0	1990 Q2	66.2
1974 Q4	46.2	1980 Q1	51.7	1985 Q2	61.2	1990 Q3	66.0
1975 Q1	46.6	1980 Q2	51.4	1985 Q3	61.1	1990 Q4	66.6
1975 Q2	46.2	1980 Q3	52.0	1985 Q4	61.2	1991 Q1	67.2
1975 Q3	46.2	1980 Q4	52.1	1986 Q1	61.7	1991 Q2	68.1
1975 Q4	47.0	1981 Q1	52.8	1986 Q2	62.3	1991 Q3	69.0
1976 Q1	47.8	1981 Q2	53.7	1986 Q3	62.5	1991 Q4	69.7

续表

年份/季度	劳动生产率（%）	年份/季度	劳动生产率（%）	年份/季度	劳动生产率（%）	年份/季度	劳动生产率（%）
1992 Q1	70.0	1997 Q3	77.7	2003 Q1	89.3	2008 Q3	95.8
1992 Q2	70.0	1997 Q4	78.5	2003 Q2	89.9	2008 Q4	94.4
1992 Q3	71.1	1998 Q1	78.8	2003 Q3	90.8	2009 Q1	94.5
1992 Q4	72.2	1998 Q2	79.5	2003 Q4	92.0	2009 Q2	94.7
1993 Q1	72.7	1998 Q3	79.8	2004 Q1	91.5	2009 Q3	95.4
1993 Q2	73.1	1998 Q4	81.0	2004 Q2	92.1	2009 Q4	95.7
1994 Q3	73.7	1999 Q1	80.9	2004 Q3	92.1	2010 Q1	96.5
1994 Q4	74.3	1999 Q2	80.8	2004 Q4	91.4	2010 Q2	96.8
1994 Q1	74.5	1999 Q3	81.6	2005 Q1	92.2	2010 Q3	97.1
1994 Q2	75.2	1999 Q4	82.5	2005 Q2	93.5	2010 Q4	96.7
1994 Q3	75.3	2000 Q1	84.6	2005 Q3	93.9	2011 Q1	97.1
1994 Q4	75.2	2000 Q2	84.3	2005 Q4	95.4	2011 Q2	98.3
1995 Q1	75.5	2000 Q3	84.6	2006 Q1	95.4	2011 Q3	98.1
1995 Q2	75.5	2000 Q4	84.3	2006 Q2	95.7	2011 Q4	98.4
1995 Q3	76.1	2001 Q1	85.5	2006 Q3	95.6	2012 Q1	98.0
1995 Q4	75.6	2001 Q2	85.5	2006 Q4	95.5	2012 Q2	97.2
1996 Q1	76.4	2001 Q3	86.2	2007 Q1	96.3	2012 Q3	97.4
1996 Q2	76.5	2001 Q4	86.5	2007 Q2	96.4	2012 Q4	97.0
1996 Q3	77.0	2002 Q1	87.2	2007 Q3	97.0	2013 Q1	97.5
1996 Q4	77.1	2002 Q2	88.0	2007 Q4	97.8	2013 Q2	97.9
1997 Q1	77.3	2002 Q3	88.0	2008 Q1	97.0	2013 Q3	97.6
1997 Q2	77.4	2002 Q4	88.5	2008 Q2	97.6	2013 Q4	98.1

续表

年份/季度	劳动生产率（%）	年份/季度	劳动生产率（%）	年份/季度	劳动生产率（%）	年份/季度	劳动生产率（%）
2014 Q1	98.0	2015 Q4	97.9	2017 Q3	100.2	2019 Q2	99.9
2014 Q2	97.7	2016 Q1	98.7	2017 Q4	100.3	2019 Q3	100.4
2014 Q3	98.0	2016 Q2	98.8	2018 Q1	99.9	2019 Q4	100.7
2014 Q4	98.0	2016 Q3	98.8	2018 Q2	100.1	2020 Q1	99.8
2015 Q1	98.1	2016 Q4	99.0	2018 Q3	99.8	2020 Q2	98.1
2015 Q2	98.9	2017 Q1	98.9	2018 Q4	100.2	2020 Q3	104.5
2015 Q3	99.3	2017 Q2	98.7	2019 Q1	99.7	2020 Q4	100.0

注：Q1、Q2、Q3、Q4分别表示第一、二、三、四季度，下同。

6.3.3 MFP

在MFP数据库中，包含了2010—2019年各年度和各季度按行业划分的MFP数据（参见表6-11、表6-12）。

表6-11 分行业年度MFP（2018=100）

年份	A	B	C	D	E	F	G	H	I	J	K	L	M	N	R	STU	总行业
2010	89.62	124.39	98.28	148.05	95.10	98.83	87.74	101.08	108.46	91.99	110.51	79.92	87.85	83.52	93.02	100.31	97.03
2011	101.41	108.31	101.68	133.24	98.96	101.43	88.57	106.17	107.45	91.34	106.93	85.21	89.56	88.95	93.70	104.42	97.99
2012	93.00	93.92	99.80	131.05	97.79	92.90	87.80	102.62	107.88	93.40	108.21	88.77	89.23	93.13	98.28	105.79	97.47
2013	95.49	87.06	99.05	122.93	101.18	90.99	90.13	104.14	102.44	94.23	108.25	93.23	91.54	98.90	102.26	100.83	97.96
2014	100.57	89.20	101.84	116.71	97.49	96.09	92.01	108.31	101.76	91.14	103.81	96.13	90.94	106.15	100.62	104.15	98.56
2015	103.76	90.58	99.70	112.67	100.58	98.69	94.48	105.06	101.63	95.06	99.46	99.21	92.35	105.13	103.64	113.16	98.94
2016	96.93	89.66	99.47	112.01	104.37	99.79	96.93	97.97	99.19	96.55	100.25	99.96	91.41	101.09	104.27	106.24	98.56
2017	100.82	96.59	100.56	105.57	101.77	101.96	97.32	99.48	99.27	96.51	102.83	102.32	97.07	100.35	101.20	101.52	99.70
2018	100.00	100.00	100.00	100.00	100.00	100.00	100.00	100.00	100.00	100.00	100.00	100.00	100.00	100.00	100.00	100.00	100.00
2019	106.12	100.49	97.26	101.94	100.00	98.09	101.89	97.61	97.05	106.72	97.09	98.24	97.98	101.11	96.69	92.16	99.48

注：年度MFP未给出受非市场因素影响的行业O、P和Q。

表6-12 分行业季度全要素生产率（2018=100）

年/季度	ABDE	C	F	GI	H	J	K	LMN	OPQ	RSTU	合计
2010 Q1	120.32	96.07	95.99	92.27	98.18	91.82	113.03	84.49	146.13	95.12	96.62
2010 Q2	117.20	98.60	100.47	91.51	100.85	91.92	111.40	86.13	146.72	95.35	97.32
2010 Q3	115.60	99.30	103.20	91.64	102.29	92.07	113.35	88.17	145.64	93.13	98.04
2010 Q4	116.46	99.01	101.04	91.03	102.91	91.53	108.49	88.33	142.46	94.44	97.29
2011 Q1	114.92	100.16	103.46	91.38	105.24	91.09	106.49	90.03	134.15	99.35	97.77
2011 Q2	112.48	102.25	104.18	92.42	107.16	91.18	106.26	91.40	132.61	97.30	98.56
2011 Q3	112.82	102.23	101.06	93.21	107.02	92.51	108.08	90.08	134.33	94.09	98.40
2011 Q4	110.63	101.85	102.64	91.87	105.32	90.16	108.06	90.57	141.57	95.71	98.30
2012 Q1	106.75	101.48	97.17	91.66	103.12	94.43	105.87	92.24	142.10	97.47	98.12
2012 Q2	105.28	99.06	95.35	91.86	102.70	91.67	109.94	90.55	135.85	97.83	97.19
2012 Q3	104.49	99.43	92.61	91.88	101.87	92.18	108.69	92.44	137.19	106.76	97.61
2012 Q4	104.09	98.95	91.75	91.17	102.74	94.81	106.77	94.47	134.91	97.24	97.63
2013 Q1	103.48	98.21	90.72	91.78	103.73	94.38	109.45	94.59	135.06	99.82	97.89
2013 Q2	102.30	98.72	91.30	92.72	104.61	93.81	108.00	95.28	130.39	100.49	98.01
2013 Q3	101.77	99.12	92.89	92.88	103.27	94.19	106.93	96.99	125.54	97.68	98.05
2013 Q4	102.03	99.76	94.14	93.26	104.82	93.80	105.69	97.62	125.80	95.60	98.44
2014 Q1	101.40	101.26	95.06	94.39	105.98	90.95	102.71	98.36	125.12	99.11	98.57
2014 Q2	99.41	101.84	96.80	94.08	106.21	91.00	103.32	98.54	120.66	96.73	98.51
2014 Q3	99.61	102.22	98.64	93.26	109.27	90.70	102.34	98.99	117.43	99.81	98.59
2014 Q4	98.90	101.55	99.18	94.59	111.62	90.58	103.41	98.47	116.53	103.32	98.95
2015 Q1	100.79	100.73	99.51	94.96	108.79	92.53	103.21	98.36	112.12	104.54	98.87
2015 Q2	101.81	100.35	101.69	95.85	106.55	94.23	97.79	100.12	110.34	106.93	99.40
2015 Q3	102.11	99.56	99.77	96.74	104.49	96.08	96.03	100.69	110.43	107.87	99.33
2015 Q4	100.00	97.57	99.24	96.17	100.35	95.25	97.60	98.98	110.14	108.27	98.38
2016 Q1	99.07	98.03	100.50	96.60	101.26	96.08	97.50	98.96	108.00	107.24	98.53
2016 Q2	102.43	99.60	100.52	97.16	97.64	95.52	98.51	97.04	110.17	104.15	98.54
2016 Q3	102.76	99.03	102.23	97.07	96.63	95.54	100.84	97.24	104.36	104.19	98.39

续表

年/季度	ABDE	C	F	GI	H	J	K	LMN	OPQ	RSTU	合计
2016 Q4	100.53	100.77	101.80	98.60	96.12	96.52	101.77	96.80	105.29	107.68	98.87
2017 Q1	100.13	101.23	103.54	97.24	99.66	93.79	102.99	97.57	104.99	101.06	99.05
2017 Q2	99.33	99.68	101.93	97.48	98.08	95.22	103.57	98.38	104.35	102.14	99.11
2017 Q3	102.65	99.88	101.96	98.68	99.83	97.04	102.49	101.64	104.61	98.13	100.16
2017 Q4	101.35	101.08	103.58	97.44	100.27	99.01	101.41	101.68	105.13	104.99	100.55
2018 Q1	100.53	100.69	100.99	98.99	97.74	97.51	101.46	100.51	101.98	98.89	99.97
2018 Q2	98.19	100.35	100.58	99.64	99.70	99.73	100.08	100.28	101.66	99.05	100.04
2018 Q3	101.30	100.05	99.91	100.19	101.03	100.77	99.72	99.36	98.14	98.34	99.90
2018 Q4	99.99	98.91	98.52	101.16	101.53	101.96	98.77	99.84	98.27	103.76	100.10
2019 Q1	99.78	99.21	98.20	101.28	98.59	105.82	98.01	98.74	97.45	93.54	99.86
2019 Q2	102.94	97.38	98.43	100.13	97.43	108.12	97.58	98.44	95.68	92.32	99.50
2019 Q3	102.43	96.20	98.77	100.94	98.30	107.34	97.92	98.52	93.44	93.62	99.36
2019 Q4	101.27	96.60	97.60	101.31	98.15	106.13	95.06	98.19	96.19	95.87	99.82
2020 Q1	102.47	97.14	99.04	99.21	93.68	106.42	95.22	97.28	92.59	88.68	97.37
2020 Q2	102.42	93.82	87.89	91.02	86.88	101.85	92.97	91.81	101.29	70.08	87.61
2020 Q3	104.36	102.69	107.59	116.76	97.56	100.97	93.30	97.09	104.76	94.91	98.55

在MFP数据库中，包含了2010—2019年历年和各季度的MFP增长率数据（表6-13、表6-14）。

表6-13 分行业年度MFP增长率（2018=100）

行业	A	B	C	D	E	F	G	H	I	J	K	L	M	N	R	STU	总行业
2010	-5.66	-1.95	4.99	-2.86	-2.35	11.94	1.00	1.27	3.21	3.55	-5.83	0.64	1.22	9.73	2.24	2.94	2.07
2011	12.35	-13.84	3.40	-10.54	3.98	2.60	0.94	4.91	-0.93	-0.70	-3.30	6.41	1.92	6.30	0.73	4.02	0.99
2012	-8.66	-14.26	-1.86	-1.65	-1.19	-8.79	-0.88	-3.40	0.40	2.23	1.19	4.09	-0.37	4.59	4.77	1.30	-0.54
2013	2.64	-7.58	-0.75	-6.40	3.40	-2.08	2.63	1.48	-5.17	0.88	0.04	4.91	2.56	6.00	3.97	-4.80	0.51
2014	5.19	2.43	2.78	-5.19	-3.71	5.45	2.06	3.92	-0.67	-3.34	-4.19	3.05	-0.66	7.08	-1.62	3.24	0.61
2015	3.12	1.53	-2.12	-3.53	3.12	2.67	2.65	-3.04	-0.13	4.22	-4.28	3.15	1.53	-0.96	2.96	8.30	0.38
2016	-6.81	-1.02	-0.23	-0.58	3.70	1.10	2.57	-6.99	-2.43	1.55	0.79	0.76	-1.02	-3.93	0.61	-6.31	-0.38
2017	3.93	7.45	1.08	-5.92	-2.53	2.15	0.40	1.54	0.07	-0.04	2.55	2.34	6.01	-0.73	-2.99	-4.55	1.14
2018	-0.82	3.47	-0.56	-5.42	-1.76	-1.94	2.72	0.52	0.74	3.56	-2.79	-2.30	2.97	-0.35	-1.19	-1.51	0.30
2019	5.94	0.49	-2.78	1.92	0.00	-1.93	1.87	-2.42	-2.99	6.50	-2.95	-1.77	-2.04	1.10	-3.37	-8.16	-0.52

表6-14 分行业季度MFP增长率（%）

年/季度	ABDE	C	F	GI	H	J	K	LMN	OPQ	RSTU	合计
2010 Q1	1.10	1.02	6.20	0.73	−0.69	2.05	−3.45	2.68	0.74	4.41	1.27
2010 Q2	−2.63	2.60	4.55	−0.83	2.69	0.11	−1.45	1.92	0.40	0.23	0.73
2010 Q3	−1.38	0.70	2.69	0.14	1.42	0.16	1.73	2.34	−0.74	−2.35	0.74
2010 Q4	0.74	−0.29	−2.12	−0.66	0.60	−0.59	−4.38	0.19	−2.20	1.40	−0.77
2011 Q1	−1.33	1.15	2.36	0.38	2.24	−0.49	−1.87	1.90	−6.01	5.07	0.49
2011 Q2	−2.14	2.07	0.70	1.13	1.81	0.10	−0.22	1.51	−1.16	−2.08	0.81
2011 Q3	0.30	−0.02	−3.04	0.86	−0.13	1.45	1.71	−1.45	1.29	−3.36	−0.16
2011 Q4	−1.96	−0.38	1.55	−1.46	−1.60	−2.58	−0.02	0.54	5.25	1.71	−0.10
2012 Q1	−3.57	−0.36	−5.48	−0.22	−2.11	4.63	−2.05	1.83	0.38	1.83	−0.19
2012 Q2	−1.39	−2.41	−1.90	0.22	−0.41	−2.96	3.77	−1.84	−4.50	0.37	−0.95
2012 Q3	−0.75	0.37	−2.91	0.01	−0.80	0.55	−1.14	2.06	0.99	8.74	0.43
2012 Q4	−0.38	−0.48	−0.93	−0.78	0.85	2.81	−1.79	2.18	−1.68	−9.34	0.02
2013 Q1	−0.59	−0.75	−1.13	0.67	0.96	−0.46	2.48	0.12	0.11	2.62	0.26
2013 Q2	−1.15	0.52	0.63	1.02	0.84	−0.61	−1.33	0.73	−3.52	0.66	0.12
2013 Q3	−0.52	0.40	1.73	0.17	−1.29	0.41	−1.00	1.77	−3.79	−2.83	0.04
2013 Q4	0.26	0.64	1.34	0.41	1.49	−0.41	−1.16	0.65	0.21	−2.15	0.40
2014 Q1	−0.62	1.50	0.98	1.21	1.10	−3.09	−2.86	0.75	−0.54	3.60	0.13
2014 Q2	−1.98	0.57	1.81	−0.33	0.22	0.05	0.59	0.18	−3.63	−2.43	−0.06
2014 Q3	0.20	0.37	1.89	−0.87	2.85	−0.33	−0.95	0.46	−2.71	3.13	0.09
2014 Q4	−0.72	−0.66	0.54	1.42	2.13	−0.13	1.04	−0.53	−0.77	3.46	0.36
2015 Q1	1.89	−0.81	0.34	0.39	−2.57	2.14	−0.20	−0.11	−3.86	1.17	−0.08
2015 Q2	1.01	−0.37	2.17	0.93	−2.08	1.82	−5.39	1.77	−1.60	2.26	0.53
2015 Q3	0.29	−0.79	−1.91	0.92	−1.96	1.95	−1.82	0.57	0.08	0.87	−0.07
2015 Q4	−2.09	−2.02	−0.53	−0.58	−4.04	−0.87	1.62	−1.71	−0.26	0.37	−0.96
2016 Q1	−0.93	0.47	1.26	0.44	0.91	0.87	−0.10	−0.03	−1.97	−0.95	0.15

续表

年/季度	ABDE	C	F	GI	H	J	K	LMN	OPQ	RSTU	合计
2016 Q2	3.33	1.59	0.02	0.58	−3.64	−0.59	1.03	−1.96	1.99	−2.93	0.01
2016 Q3	0.32	−0.57	1.69	−0.09	−1.03	0.02	2.34	0.21	−5.42	0.04	−0.15
2016 Q4	−2.19	1.73	−0.42	1.56	−0.54	1.02	0.91	−0.45	0.89	3.29	0.48
2017 Q1	−0.40	0.46	1.69	−1.39	3.62	−2.88	1.19	0.79	−0.29	−6.34	0.18
2017 Q2	−0.80	−1.55	−1.56	0.25	−1.60	1.52	0.56	0.82	−0.60	1.07	0.07
2017 Q3	3.29	0.20	0.02	1.22	1.77	1.89	−1.05	3.27	0.25	−4.01	1.06
2017 Q4	−1.28	1.19	1.58	−1.27	0.45	2.01	−1.06	0.04	0.49	6.76	0.38
2018 Q1	−0.81	−0.38	−2.53	1.58	−2.56	−1.52	0.05	−1.16	−3.04	−5.99	−0.58
2018 Q2	−2.35	−0.34	−0.41	0.66	1.98	2.25	−1.37	−0.22	−0.32	0.16	0.07
2018 Q3	3.11	−0.30	−0.67	0.55	1.33	1.04	−0.36	−0.93	−3.53	−0.72	−0.14
2018 Q4	−1.30	−1.14	−1.40	0.96	0.49	1.18	−0.96	0.49	0.14	5.36	0.20
2019 Q1	−0.21	0.30	−0.32	0.12	−2.94	3.71	−0.77	−1.11	−0.84	−10.36	−0.24
2019 Q2	3.12	−1.86	0.23	−1.14	−1.18	2.16	−0.44	−0.30	−1.84	−1.31	−0.35
2019 Q3	−0.50	−1.22	0.35	0.81	0.89	−0.73	0.34	0.09	−2.37	1.39	−0.15
2019 Q4	−1.13	0.42	−1.19	0.37	−0.15	−1.14	−2.97	−0.34	2.90	2.37	0.46
2020 Q1	−2.43	−1.67	−1.81	−3.14	−6.46	−1.65	−0.17	−1.28	−4.34	−8.02	−2.49
2020 Q2	−3.18	−9.72	−21.99	−16.43	−13.05	−6.93	−2.42	−11.28	3.00	−37.67	−10.56
2020 Q3	4.64	11.71	25.18	28.46	13.11	1.44	0.57	6.60	4.64	34.32	11.76

6.3.4 与生产率相关的出版物

除了数据外,英国统计局从 2017 年第二季度以来,连续发布了 9 期《MFP 估算》季刊。采用动态的数据统计方法,将每季度的数据累计汇总到最新的季刊中,便于对 MFP 进行总体观察,数据可读性、连续性好,并且能够全面地概括英国 MFP 水平及增长的近期趋势和长期趋势,估算了 MFP 驱动产出增长的作用,以及劳动、资本和 MFP 对经济增长贡献。

6.4 OECD生产率研究

经济合作与发展组织（OECD）致力于对全球及各经济体的经济社会问题进行研究，并创建了庞大完善的数据库，成为生产率研究与测算的积极倡导者、组织者、指导者和示范者。

OECD生产率数据库旨在为用户提供OECD成员国及部分非成员国的生产率测算数据和测算结果，是众多生产率研究人员首选关注的对象。为了满足用户的不同需求及OECD自身研究的不同方向，涉及生产率的主要有4个模块，分别为OECD统计[1]、OECD全球生产率论坛[2]、OECD资料库[3]和OECD图书馆[4]。

6.4.1 OECD统计

OECD统计囊括了成员国和一些非成员国的大量统计数据、指标解释和数据说明，共包括20多个专题，是OECD的数据仓库。其中"生产率"为一个单独专题。其数据更新方式为滚动式，即每个变量只要在源数据库中更新，在OECD统计中就可以显示出来，包括：劳动投入数据（就业人数、工时数、劳动利用率）；资本投入数据（资本服务、资本深化）；经济产出数据（GDP、人均GDP）；生产率增长率和生产率指数（劳动生产率、资本生产率、全要素生产率[5]）等。这些数据按照国际标准产业分类ISIC Rev.4分为总量、ICT产业、非ICT产业和其他主要产业。数据说明包括数据来源、数据处理过程中用到的方法（如季节调整）、数据质量（口径）、数据的局限性及使用注意事项等。可以这样说，OECD生产率数据是迄今全球范围内容最为丰富系统的有关生产率的数据库。

---

[1] OECD统计数据库网址（http://stats.oecd.org/）。
[2] OECD全球生产率论坛网址（http://www.oecd.org/global-forum-productivity/）。
[3] OECD官方网站的数据模块（https://data.oecd.org/）。
[4] OECD图书馆（https://www.oecd-ilibrary.org）。
[5] 在OECD各网站中称为Multi-FP，应译为多要素生产率，本书中一律改为全要素生产率（Total FP）。

6.4.2 OECD全球生产率论坛

OECD全球生产率论坛（The OECD Global Forum on Productivity，GFP）旨在促进世界范围内公共机构之间的国际合作，研制提高生产率的相关政策。GFP为参与者提供了一个交流信息的平台，以讨论各方实践经验，并为生产率分析提供可行的框架。GFP的工作计划由来自一些国家的专家组成的指导小组制订，为GFP活动提供包括资金方面的支持。GFP网站的数据模块给出了有关生产率"概览"、"知识创造"和"知识传播"3个维度的数据，指标有劳动生产率、人均资本、MFP、每工作小时资本量及制造业企业和非金融市场服务业企业的劳动生产率等，既有Excel表格，也有一些可视化图示，如散点图、条形图等，以对不同经济体进行直观比较。数据来源包括OECD统计、OECD DynEmp项目[1]、OECD Multiprod项目[2]和长期生产率数据库[3]等。

6.4.3 OECD资料库

这个模块只是为一般用户提供可视化的数据窗口，将一些重要的经济社会指标通过散点图、趋势图或地图展示出来，更为形象直观，便于用户发现、浏览并查找感兴趣的指标并进行初步分析和比较。该部分的生产率专题展示了OECD成员国及一些经济体（如EU、EA、G7、G20）的主要生产率指标，如劳动生产率（每小时工作创造的GDP）、劳动生产率预测、劳动利用率、每小时工作的劳动报酬、MFP及单位劳动成本等。

6.4.4 OECD在线图书馆

OECD在线图书馆是一个内容相当丰富的知识库，涵盖了OECD发布的所有内

---

[1] OECD DynEmp（Employment dynamics）项目为20多个OECD国家和非OECD经济体的初创企业和现有企业提供了关于就业动态的新经验。
[2] MultiProd项目研究生产率模式，并研究不同政策体系影响企业生产率的程度，考查了资源分配给生产率高的企业的方式，提供了跨国的统一的对理解生产率表现至关重要的微观汇总数据。
[3] 长期生产率数据库是由Antonin Bergeaud，Gilbert Cette和Remy Lecat于2013年在法国银行创建的一个项目。在Cette，Mairesse和Kocoglu（2009）工作的基础上，将数据库扩展到最新版本（2016年），涵盖17个国家。

容——报告概览等出版物、研究论文,以及数据表等,这些资源供用户查找、浏览和下载。其中的"生产统计专题"呈现了生产率指标、生产率年度报告及生产率工作论文,内容十分丰富,为世界各国研究者提供了生产率前沿研究的咨询和参考。

6.4.5 生产率指标的测算和比较

OECD 不仅是生产率研究的指导者,同时还是生产率测算的实践者。组织世界各国专家定期测算生产率各项指标已成为 OECD 的重要职责,也是前述生产率数据库内容的主要来源。

6.4.5.1 劳动生产率比较

在 OECD 生产率数据库中,劳动生产率指标受到重视,这是因为劳动生产率定义明确,可操作性好,即使是政府统计不十分健全的发展中国家,也能够通过简单测算得到结果。劳动生产率通过"每个就业者创造的 GDP"、"每小时工作创造的 GDP"和"劳动利用率"等指标来衡量和比较各国生产率状况。表 6-15 是 OECD 成员国及包括中国等一些非成员国的"每个就业者创造的 GDP"指标的可比数据,并给出了与美国的相对百分比。这也是 OECD 生产率数据库中唯一有中国数据的指标。

通过比较可知,在表 6-15 中 35 个 OECD 成员国和 8 个非 OECD 成员国中,2016 年爱尔兰、卢森堡、美国的劳动生产率居前 3 位。中国的劳动生产率虽然增长很快,但仍处于较低水平,高于印度和印度尼西亚,低于巴西,不足美国的 1/4。说明国内在劳动利用效率上还有很大的提升空间。

表6-15 劳动生产率——"每个就业者创造的GDP"

国家	每个就业者创造的 GDP,购买力平价法,2010 年不变价美元							
	实际值(美元/人)				相对值(美国 =100)			
	2000	2005	2010	2016	2000	2005	2010	2016
澳大利亚	77201.0	81503.6	84134.5	91103.8	80.8	78.2	79.5	80.3
奥地利	80645.6	85147.9	85807.3	86703.4	84.8	81.8	81.1	83.9

续表

国家	每个就业者创造的GDP，购买力平价法，2010年不变价美元							
	实际值（美元/人）				相对值（美国=100）			
	2000	2005	2010	2016	2000	2005	2010	2016
比利时	90534.8	95643.0	97634.1	99982.9	94.5	90.3	92.2	93.2
加拿大	75178.6	78289.7	78687.0	83490.7	80.7	78.2	74.3	72.6
智利	38500.1	42440.4	44803.3	47081.3	37.1	37.3	42.3	42.2
捷克	43688.4	52236.8	57359.8	61625.7	46.2	50.1	54.2	57.7
丹麦	80272.4	84901.2	85645.9	89575.5	75.2	73.1	80.9	80.5
爱沙尼亚	35603.8	47937.4	52478.6	56243.6	30.4	40.2	49.6	51.7
芬兰	76456.9	82834.0	83728.5	83976.4	81.5	76.6	79.1	78.1
法国	80789.4	85401.9	87046.4	90006.1	84.1	80.6	82.2	82.6
德国	73465.6	76714.9	78199.7	81351.5	76.1	73.7	73.9	76.2
希腊	61042.6	68552.6	66593.3	62675.9	66.2	66.5	62.9	58.3
匈牙利	41624.7	52203.4	54307.3	54709.0	38.7	45.4	51.3	48.8
冰岛	60609.4	72196.4	72906.1	78549.2	71.8	74.6	68.9	72.8
爱尔兰	85725.8	97174.7	104873.6	144550.1	91.6	94.3	99.1	136.9
以色列	59449.6	60766.8	64549.7	67526.6	78.4	64.7	61.0	65.2
意大利	87476.5	86122.6	83874.5	82082.4	90.4	78.2	79.2	77.3
日本	64111.2	68069.2	68441.2	71177.5	70.2	67.9	64.7	66.1
韩国	46200.2	53837.5	63171.1	68394.1	54.4	56.1	59.7	58.8
拉脱维亚	27582.5	38978.1	43706.0	50518.5	27.8	35.2	41.3	46.7
卢森堡	126085.4	125130.7	120827.8	123325.1	123.7	113.4	114.2	117.4
墨西哥	38105.5	38835.8	37130.5	39456.1	36.2	35.9	35.1	35.1
荷兰	79185.1	83309.8	84312.6	88490.7	82.9	80.2	79.7	79.7
新西兰	58922.1	61271.6	63013.5	65633.1	63.8	56.7	59.5	61.2

续表

国家		每个就业者创造的GDP，购买力平价法，2010年不变价美元							
		实际值（美元/人）				相对值（美国=100）			
		2000	2005	2010	2016	2000	2005	2010	2016
挪威		104561.3	114896.3	109488.4	113071.6	96.8	103.2	103.4	91.8
波兰		37576.1	45176.5	52147.2	59568.7	38.0	41.5	49.3	53.4
葡萄牙		53249.9	55605.7	59329.5	60388.5	52.2	52.1	56.1	56.0
斯洛伐克		41245.3	51141.9	62085.1	67882.7	40.9	47.0	58.7	58.8
斯洛文尼亚		47853.0	56169.2	59122.6	62351.5	53.1	56.7	55.9	58.1
西班牙		71597.0	71363.1	75782.4	80186.0	70.8	67.2	71.6	73.3
瑞典		73703.8	82983.2	86798.2	91609.8	81.7	77.6	82.0	81.8
瑞士		86242.9	90034.5	92786.4	92085.6	86.4	80.1	87.7	88.8
土耳其		44702.9	54856.7	57651.1	67405.4	43.1	45.3	54.5	60.8
英国		70320.8	76738.9	77044.6	80177.6	76.1	74.7	72.8	72.7
美国		91345.8	100070.1	105840.5	110168.4	100.0	100.0	100.0	100.0
非OECD成员国	巴西	24799.5	24878.4	28571.8	27590.4	27.1	24.9	27.0	24.9
	中国	6351.2	9787.4	16404.9	25070.4	7.0	9.8	15.5	22.8
	哥伦比亚	21064.2	22901.5	25850.3	28237.3	23.1	22.9	24.4	25.6
	印度	6200.9	7540.5	11086.1	15003.0	6.9	7.6	10.5	13.6
	印度尼西亚	13365.7	16099.5	18519.5	23242.8	16.0	17.7	17.5	21.1
	立陶宛	29099.1	41352.6	49959.3	56378.9	28.6	37.4	47.2	51.9
	俄罗斯	30245.2	38875.1	45182.4	46808.5	22.4	29.5	42.7	41.4
	南非	34208.8	40394.5	43575.8	42558.5	37.4	40.4	41.2	38.7

6.4.5.2 MFP增长率比较

在生产率数据库中，只有OECD成员国的MFP数据。可见即使是OECD，要想获得完整系统的测算数据也绝非易事。

从表6-16看，亚洲的日本和韩国的MFP增长率普遍高于欧洲国家，北欧国家普遍高于南欧国家。这与《欧洲创新记分牌》中创新指数排序的走向大体一致。

表6-16　2011—2018年各国MFP增长率（%）

	2011	2012	2013	2014	2015	2016	2017	2018
澳大利亚	0.24	0.85	0.68	0.11	1.92	−0.12	0.87	−0.18
奥地利	0.72	0.27	−0.28	−0.20	0.67	−0.20	0.57	0.40
比利时	−0.82	−0.30	0.22	0.73	1.02	−0.17	0.07	−0.48
加拿大	1.24	−0.19	0.85	1.93	−0.51	0.26	1.66	−0.11
瑞　士	−0.48	−0.22	1.30	0.85	−0.99	0.10	1.43	1.83
德　国	2.47	0.24	0.19	1.04	0.64	1.21	1.18	0.10
丹　麦	0.28	0.99	0.41	1.13	1.18	1.09	0.67	1.93
西班牙	−0.18	−0.29	−0.22	0.07	0.77	0.61	—	
芬　兰	1.26	−1.77	−0.04	−0.04	0.49	2.24	2.18	−0.43
法　国	0.76	−0.26	0.58	0.42	0.31	−0.12	1.62	0.76
英　国	0.01	−0.54	0.22	−0.10	1.29	−0.50	0.72	0.21
希　腊	−5.39	−3.42	−1.09	1.85	−0.98	−0.10	0.12	—
爱尔兰	3.27	−1.51	−2.25	4.40	—	—	—	—
意大利	0.41	−1.39	−0.01	0.06	0.24	0.04	0.85	−0.14
日　本	0.08	1.00	1.86	−0.05	1.05	−0.02	1.21	—
韩　国	1.65	0.28	1.14	1.18	0.46	1.51	2.56	2.02
卢森堡	−0.71	−3.12	1.27	0.69	0.83	1.33	−1.40	−0.44
荷　兰	0.40	−0.78	−0.05	0.62	−0.24	0.06	1.05	0.63
挪　威	−1.53	0.44	−0.28	0.28	0.97	0.27	1.61	—
新西兰	1.08	2.25	−1.89	−0.51	1.94	−0.41	−1.57	−0.01
葡萄牙	−0.13	−0.90	0.52	−0.68	0.21	0.45	0.51	—
瑞　典	0.43	−0.94	0.29	0.89	2.11	−0.19	0.12	—
美　国	−0.22	0.12	0.07	0.31	0.63	−0.12	0.70	0.63

6.4.5.3 MFP 指数比较

MFP 增长率是与上年相比，OECD 还进行了与固定基期的比较（各年与 2010 年比较），称为 MFP 指数，如表 6-17 所示。

表6-17　各国MFP指数（%）

	2011	2012	2013	2014	2015	2016	2017	2018
澳大利亚	100.24	101.09	101.78	101.89	103.85	103.73	104.63	104.44
奥地利	100.72	100.99	100.71	100.51	101.18	100.99	101.56	101.97
比利时	99.18	98.89	99.10	99.82	100.84	100.67	100.74	100.26
加拿大	101.24	101.05	101.91	103.88	103.36	103.62	105.34	105.22
瑞　士	99.52	99.31	100.60	101.46	100.45	100.55	101.99	103.86
德　国	102.47	102.71	102.91	103.98	104.64	105.91	107.16	107.27
丹　麦	100.28	101.27	101.68	102.84	104.05	105.19	105.89	107.93
西班牙	99.82	99.53	99.31	99.39	100.15	100.77	—	—
芬　兰	101.26	99.47	99.43	99.39	99.88	102.12	104.34	103.89
法　国	100.76	100.49	101.08	101.50	101.82	101.70	103.34	104.13
英　国	100.01	99.47	99.68	99.58	100.87	100.37	101.09	101.31
希　腊	94.61	91.37	90.37	92.05	91.15	91.06	91.17	—
爱尔兰	103.27	101.71	99.42	103.80	—	—	—	—
意大利	100.41	99.01	99.00	99.06	99.30	99.34	100.19	100.05
日　本	100.08	101.08	102.96	102.91	103.99	103.97	105.22	—
韩　国	101.65	101.93	103.10	104.31	104.79	106.36	109.08	111.28
卢森堡	99.29	96.19	97.41	98.09	98.90	100.22	98.81	98.38
荷　兰	100.40	99.61	99.57	100.19	99.95	100.01	101.06	101.70
挪　威	98.47	98.90	98.62	98.90	99.86	100.13	101.74	—
新西兰	101.08	103.36	101.40	100.89	102.84	102.42	100.81	100.80
葡萄牙	99.87	98.97	99.48	98.81	99.02	99.47	99.97	—
瑞　典	100.43	99.49	99.77	100.66	102.78	102.58	102.71	—
美　国	99.78	99.90	99.98	100.29	100.92	100.80	101.51	102.15

6.4.5.4 MFP 贡献比较

在生产率数据库中，还有 MFP 贡献数据。在此要说明的是，虽然称为"贡献"（contribution to GDP growth），但只是列出了资本影响 GDP 增长、劳动影响 GDP 增长和 MFP 增长的数据，而没有做进一步的计算（除以 GDP 增长率是本手册进一步简单加工的结果，如表 6-18 所示）。

表6-18　MFP贡献比较（%）

国　家	2010—2014	2011—2015	2010—2016	2013—2017	2014—2018
澳大利亚	16.71	27.12	27.62	26.97	21.28
奥地利	24.97	22.26	5.76	8.90	14.31
比利时	20.25	12.91	23.66	24.74	13.60
加拿大	35.14	30.81	27.05	41.65	33.09
瑞　士	35.11	5.31	12.25	29.17	31.79
德　国	57.11	52.44	47.10	46.86	40.92
丹　麦	91.21	61.87	57.51	44.05	51.55
西班牙	-1.14	-118.97	25.66	12.85	10.81
芬　兰	75.79	-31.56	176.84	97.81	58.74
法　国	40.21	35.12	22.90	46.81	41.81
英　国	12.18	8.54	3.40	14.87	16.02
希　腊	42.95	46.50	35.76	12.93	24.84
爱尔兰	98.22	11.12	1.37	4.49	8.23
意大利	-32.14	20.52	37.91	63.76	23.28
日　本	79.58	79.14	68.18	64.18	47.34
韩　国	46.06	30.78	31.37	44.68	52.10
卢森堡	3.15	-7.70	5.67	14.46	5.46
荷　兰	52.37	-1.46	-8.95	17.34	19.15
挪　威	-28.37	-1.63	19.09	33.91	36.23

续表

国家	2010—2014	2011—2015	2010—2016	2013—2017	2014—2018
新西兰	-4.84	18.84	8.28	-15.55	-3.54
葡萄牙	-10.94	23.40	80.50	14.12	4.66
瑞典	32.34	25.92	21.33	24.49	20.45
美国	19.98	8.25	9.09	14.13	17.39

可以看出，国家间对GDP增长的贡献差别相当大。丹麦、芬兰和日本、韩国的贡献相对较高，比利时、西班牙、爱尔兰、卢森堡、葡萄牙等国相对较低。值得注意的是，有些国家的贡献在年度间差别很大，如爱尔兰在2014年达98.22%，西班牙在2015年达118.97%。如果联系其他数据进一步分析即可发现，无非是GDP速度、劳动投入速度或资本投入速度出现明显变化造成的。日本MFP贡献高也是因为要素投入增长速度过低造成的。

6.4.6 有关生产率的出版物

除了数据外，OECD还有许多有关生产率的出版物值得研究者关注。可大致分为两类，一类为较为规范的指导性文件，包括方法手册、指标解读、测算和分析报告、论坛工作论文等。另一类是研究者根据自身研究发表的学术论文。

在前一类指导性文件中，值得关注的有2002年出版的《OECD手册》[①]（*Measuring Productivity OECD Manual*）、2008年出版的《生产率测算与分析》（*Productivity Measurement and Analysis*），《OECD生产率指标汇编》（*OECD Compendium of Productivity Indicators*）等。这些文件可以很好地帮助研究者跟踪和学习有关生产率的研究动向和测算方法。例如，《OECD生产率指标汇编》全面概述了OECD成员国和主要经济合作伙伴生产率水平及生产率增长的近期趋势和长期趋势，强调了编制跨国可比较生产率指标时的测算问题，说明了分析时的注意事项，估算

---

① 国内已有中文译本。

了生产率驱动经济增长的作用，以及劳动、资本和生产率对经济增长的贡献。

生产率工作论文则为研究者提供了一个共享信息、观点及经验的交流平台，同时也促进了国际范围内公共机构部门间的合作。国内研究者可通过这一平台了解国外的研究动向，以及有关生产率研究的新思路和新方法。在这些论文中，也有关于中国生产率研究的论文，值得国内研究者关注。

6.5 亚洲生产率组织（APO）

在众多国际组织中，亚洲生产率组织（APO）是唯一以生产率命名并致力于生产率相关研究与测算的政府间合作组织，自1961年成立以来，该组织为亚洲和太平洋地区生产率提升和经济社会可持续发展，为实现成员国经济增长和竞争力增强做出持续和重要的贡献。

6.5.1 组织成员和管理

APO在服务于成员国/经济体的过程中扮演了关键角色。一是生产率测算制度的建立者和生产率测算的催化者；二是对成员国/经济体的需求进行研究并提供适当帮助的智库；三是倡导以成员国/经济体及其他相关国家或地区之间建立双边或多边联盟，以促进在生产率相关活动中开展互利合作；四是以区域顾问的角色了解各成员国/经济体的经济和发展政策和表现，并协助制定提高生产率和竞争力的战略规划；五是帮助成员国/经济体和其他相关国家或地区之间扩散和交换有关生产率信息的场所。

到目前为止，APO成员包括亚太地区的20个经济体，孟加拉国（1982）[1]、柬埔寨（2004）、中国台湾（1961）、斐济（1984）、中国香港（1963）、印度（1961）、印度尼西亚（1968）、伊朗（1965）、日本（1961）、韩国（1961）、老挝（2002）、马来西亚（1983）、蒙古（1992）、尼泊尔（1961）、巴基斯坦（1961）、菲律宾

---

[1] 括号内数字表示加入年份，下同。

(1961)、新加坡（1969）、斯里兰卡（1966）、泰国（1961）和越南（1996）。这些国家/经济体承诺，通过分享知识、信息和经验，相互合作和相互帮助。

APO 管理机构是组织的最高机构。由各国/经济体政府指定的理事组成。管理机构每年召开一次会议，接受秘书长的年度报告和审计人员的财务报告，并决定预算规模、战略方向和政策。

APO 设秘书长一名，由管理机构任命。秘书长的职能包括：①指导和监督秘书处工作人员的工作；②组织召开例会和管理机构特别会议；③准备两年一度的项目和预算，并将其提交给管理机构批准，并就组织的活动发表年度报告；④在必要时提交与定期和特别会议议程有关的信息和必要文件；⑤就管理机构和其他会议审议的事项进行评论；⑥为管理机构和其他会议的定期做一切必要的安排。

各成员国/经济体须指定某一机构作为国家/经济体生产率组织（NPO），由 NPO 协调政府主管的生产率项目。APO 每年召开由 NPO 首脑参加的研讨会，来评估前一年的项目，确认下一年的计划，并就生产率问题和成员国/经济体的新需求进行深度研讨。

APO 下设有秘书处、研究与规划部、工业部和农业部等 4 个部门。

秘书处为日常管理和财务管理部门。提供组织、财务、人员管理；为秘书处其他部门提供信息技术支持；负责监督 NPOs 的年度管理机构会议和研讨会。此外，为公共关系活动提供信息支持。

研究与规划部属于智库部门，为秘书处工作在农业部门和工业部门的延伸。作为一个地区性的咨询机构，在该组织内部对生产率数据进行研究，根据经济绩效和生产率趋势的准确衡量，制定有效的增长经济政策；在 APO 的框架下对新概念、新趋势和与生产率相关的工具和技术进行研究，以帮助成员保持对关键信息的更新；帮助成员开发和加强他们的核心能力领域；负责组织规划。

工业部作为秘书处的主要培训机构，开展培训课程、研讨会、观察性研究、会议和其他人力资源开发项目，中小企业、制造业、服务业和公共部门是其关注重点；绿色生产率（GP）相关主题的研究。根据近年来迅速发展的公共部门，计划进行具体的生产率培训项目，目标是成员国/经济组织高层政策制定者和官员。

农业部旨在提高农业和农村的生产率，促进环境友好、可持续发展的农业实践，提高农业综合企业和食品加工业的竞争力。工作重点放在3个重点领域：农业可持续发展，农业、食品加工和销售，农村创业发展。

6.5.2 生产率数据库

APO 建有生产率数据库。提供有 20 个成员国/经济体，以及其他 12 个亚洲和太平洋国家（包括中国）的数据（在 32 个经济体中有 13 个没有完整的数据），既包括与总量生产率测算有关的数据，也包括与产业生产率测算有关的数据；既有与测算有关的较详细的基础数据，也有各种生产率，包括单要素生产率，如劳动生产率（用工时计算和用就业人员计算）、资本生产率，以及全要素生产率，数据年份可上溯至 1970 年。不论是单要素生产率还是全要素生产率，都测算了生产率速度和生产率指数。生产率速度通过索洛模型计算得出，而生产率指数则指的是生产率的弹性（以 2000 年为 100）。

APO 数据库中还附有亚洲经济和生产率地图（AEPM）。为生产率和经济趋势提供在线地图。它可以提供上述 30 多个亚洲和太平洋国家/经济体的生产率和其他经济数据的综合视图。这些数据既包括按劳动者人数计算的劳动生产率和按工时计算的劳动生产率，也包括全要素生产率增长率，农业、制造业、批发和零售、运输和通信等关键领域的劳动生产率，以及其他一些重要经济参数的数据，如产出、资本、需求、收入、人口和价格。此外，AEPM 还包括来自世界各地多个经济体，如东盟、海湾合作组织、南亚、欧盟 15 国和美国的数据和视图。

6.5.3 各经济体比较

依据 APO 生产率数据库，可进行 20 个经济体（只有 19 个经济体有完整数据，柬埔寨有后期数据）的比较（表6-19）。依据2010—2014年的测算结果，各经济体表现可归纳为以下几类：

表现异常经济体。例如，斐济、伊朗、日本和泰国，由于资本投入增长速度或劳动投入增长速度下降（或大幅度上升），导致TFP贡献率偏高或者出现负数（全球金融危机时，欧洲多国曾出现类似现象）；如伊朗，由于经济增长速度偏低，资本投入增长速度偏高，导致TFP贡献率出现负增长。

TFP贡献率较高的经济体。中国台湾的TFP贡献率最高，其次为中国香港，第三是菲律宾，第四是蒙古，都达到50%以上，巴基斯坦接近50%。

TFP贡献率基本正常的经济体。韩国、印度尼西亚、中国、新加坡、马来西亚、印度，达到30%以上或者接近30%。

TFP贡献率偏低的经济体。一些东南亚较小的经济体多接近20%或低于这一水平。

表6-19 基于APO生产率数据的各经济体比较（%）

国家（地区）	产出增长	资本影响增长	劳动影响增长	TFP增长	资本贡献率	劳动贡献率	TFP贡献率
孟加拉国	5.95	4.96	0.82	0.17	83.38	13.76	2.86
柬埔寨	6.79	5.27	0.56	0.97	77.55	8.21	14.24
中 国	8.24	5.33	0.51	2.40	64.66	6.18	29.16
中国台湾	4.34	1.13	0.80	2.41	26.10	18.40	55.50
斐 济	3.40	−0.21	0.59	3.02	−6.10	17.23	88.88
中国香港	3.71	1.27	0.41	2.04	34.13	10.99	54.89
印 度	6.45	4.14	0.56	1.75	64.24	8.70	27.06
印度尼西亚	6.08	3.18	0.60	2.30	52.25	9.94	37.81
伊 朗	1.25	2.20	0.06	−1.01	176.01	4.41	−80.41
日 本	1.41	−0.13	0.05	1.49	−9.49	3.36	106.13
韩 国	3.62	1.88	0.33	1.40	52.01	9.25	38.74

续表

国家（地区）	产出增长	资本影响增长	劳动影响增长	TFP增长	资本贡献率	劳动贡献率	TFP贡献率
马来西亚	6.19	3.02	1.41	1.76	48.84	22.70	28.46
蒙古	10.46	3.97	1.00	5.50	37.89	9.58	52.53
尼泊尔	3.97	2.51	1.21	0.25	63.22	30.38	6.40
巴基斯坦	3.18	0.73	0.87	1.58	23.08	27.23	49.69
菲律宾	6.03	2.03	0.74	3.26	33.64	12.32	54.04
新加坡	6.24	2.87	1.60	1.78	45.90	25.57	28.54
斯里兰卡	7.18	4.13	1.47	1.58	57.46	20.48	22.07
泰国	3.80	1.54	−0.44	2.70	40.48	−11.56	71.08
越南	5.79	4.95	−0.18	1.02	85.50	−3.05	17.55

6.5.4 中国生产率测算

依据中国生产率数据可见，我国在20世纪70年代后期，由于政治动荡对经济增长的影响，TFP贡献率甚至出现负值，这与改革开放之初世界银行考察团做出的"技术进步贡献率为0，甚至为负"的判断基本一致。随着改革开放，我国经济增长逐步提速，效率也迅速提升。20世纪90年代是TFP贡献率最高的时期，达到50%以上，特别是1991—1995年已经超过60%。这正是邓小平南方谈话引发经济快速增长的时期。在21世纪初，也曾出现TFP贡献率的一个小高潮，在2010年前的一段时期保持在40%以上，这也印证了《国家中长期科学和技术发展规划纲要（2006—2020年）》中对我国科技进步贡献率达到60%以上的判断是"靠谱"的。2010年后，由于资本投入规模迅速扩大，GDP增速逐步趋缓，我国TFP贡献率水平逐步下降，这与《中国科技统计年鉴》中公布的数据产生了一定的背离（表6-20）。

表6-20 基于APO生产率数据测算的中国TFP贡献率（%）

年 份	产出增长	资本影响增长	劳动影响增长	TFP增长	资本贡献率	劳动贡献率	TFP贡献率
1971—1975	5.73	4.25	1.39	0.09	74.14	24.28	1.58
1972—1976	4.02	4.30	1.23	−1.51	106.88	30.50	−37.37
1973—1977	4.73	4.22	1.30	−0.80	89.33	27.39	−16.72
1974—1978	5.38	4.16	1.27	−0.06	77.28	23.55	−0.84
1975—1979	6.38	4.17	1.29	0.90	65.36	20.24	14.40
1976—1980	6.24	4.09	1.42	0.71	65.63	22.73	11.64
1977—1981	7.61	3.90	1.59	2.12	51.20	20.85	27.95
1978—1982	7.87	3.71	1.85	2.31	47.10	23.44	29.46
1979—1983	7.73	3.57	1.85	2.30	46.22	23.88	29.90
1980—1984	9.07	3.40	1.96	3.70	37.52	21.57	40.91
1981—1985	10.08	3.44	1.91	4.72	34.16	18.92	46.92
1982—1986	10.82	3.66	1.78	5.37	33.83	16.46	49.71
1983—1987	11.31	3.98	1.61	5.72	35.16	14.21	50.63
1984—1988	11.40	4.28	1.64	5.47	37.58	14.38	48.04
1985—1989	9.35	4.60	1.42	3.32	49.24	15.19	35.57
1986—1990	7.58	4.49	1.33	1.77	59.24	17.53	23.22
1987—1991	7.66	4.10	1.18	2.38	53.59	15.35	31.06
1988—1992	8.11	3.76	1.01	3.31	46.44	12.44	41.11
1989—1993	8.57	3.54	0.85	4.14	41.33	9.95	48.72
1990—1994	10.24	3.46	0.83	5.94	33.76	8.13	58.11
1991—1995	11.59	3.65	0.76	7.19	31.47	6.51	62.01
1992—1996	11.69	3.94	0.88	6.86	33.74	7.50	58.76
1993—1997	10.78	4.19	1.03	5.55	38.87	9.54	51.59

续表

年　份	产出增长	资本影响增长	劳动影响增长	TFP增长	资本贡献率	劳动贡献率	TFP贡献率
1994—1998	9.67	4.29	1.18	4.19	44.37	12.25	43.38
1995—1999	8.71	4.23	1.28	3.20	48.63	14.66	36.71
1996—2000	8.27	4.15	1.26	2.86	50.19	15.18	34.63
1997—2001	8.00	4.12	1.19	2.68	51.57	14.91	33.52
1998—2002	7.99	4.16	1.07	2.76	52.01	13.44	34.55
1999—2003	8.40	4.27	0.96	3.17	50.83	11.47	37.70
2000—2004	8.86	4.52	0.95	3.39	51.06	10.70	38.24
2001—2005	9.38	4.91	0.95	3.52	52.35	10.17	37.48
2002—2006	10.16	5.32	0.76	4.08	52.31	7.50	40.19
2003—2007	11.03	5.72	0.51	4.79	51.90	4.60	43.50
2004—2008	10.95	6.06	0.26	4.62	55.39	2.33	42.28
2005—2009	10.80	6.11	0.09	4.59	56.60	0.86	42.54
2006—2010	10.67	6.12	0.14	4.40	57.38	1.34	41.29
2007—2011	10.10	6.04	0.22	3.84	59.78	2.16	38.06
2008—2012	8.98	5.82	0.38	2.77	64.85	4.27	30.88
2009—2013	8.64	5.54	0.52	2.61	64.15	6.05	30.16
2010—2014	7.00	4.58	0.47	1.94	64.66	6.22	29.16

注：表中最后一列 TFP 贡献率为笔者依据其他数据进一步测算结果，APO 数据库中没有。

6.5.5 APO的成功经验

通过对 APO 的观察和归纳，APO 之所以成为具有影响力的区域学术研究组织，有以下几点成功经验值得借鉴。

第一，注重持续开放的研究。生产率研究的意义在于持续测算，这是由其测算特点所决定的，只有持续测算才能够进行动态比较，才能发现经济增长质量发生的变化，才能提出规律性认识，也才能得到令人信服的数量界限。

第二，与方法选择比较，数据整理更为重要。APO集合多个经济体，在数据整理上下了极大功夫，从1970年至今汇集了50多年的数据，对20个经济体统一进行测算，既有各经济体之间的参照，又有各年份、各年度之间的参照，还有经济增长、资本投入、劳动投入各种测算方法，以及主要产业之间的参照，其结论不能不令人信服。这都来源于细致而科学的数据整理。

第三，坚持简单实用的测算方法。在当前生产率测算方法层出不穷的时代，仍然只应用索洛余值法，原因不言自明。

第四，研究领域与时俱进。APO根据20世纪90年代以来各经济体和国际组织对资源环境和可持续发展的关注，提出绿色生产率（GP）的概念并尝试进行测算。GP项目在1994年启动，与1992年地球峰会提出的建议相一致，即经济发展和环境保护都是可持续发展的关键战略，共同目标是提高生产率，同时减少对环境的负面影响，成为应对可持续发展挑战的一种切实可行的方法。

APO通过GP项目来传播GP意识以实现上述目标。希望在亚太地区取得进展，并通过合作扩大GP，以加速一个日益增长的绿色全球市场。到目前为止，APO已召开了多次世界绿色生产率会议。

APO的GP项目有2个旗舰项目，一是年度生态产品国际博览会（EPIF）；二是APO生态产品目录和生态产品数据库。这些都是与在环境管理上有多年的经验的日本大公司组成的绿色生产率咨询委员会（GPAC）合作的项目。

6.6 世界KLEMS组织

6.6.1 KLEMS组织

前面曾讨论过，KLEMS生产率是基于总产出和所对应的多种要素投入（资本、劳动、能源、原材料、服务）的生产率测算方法。KLEMS生产率克服了增加值生产率测算方法的局限性，考虑了中间投入在生产中的重要角色，得到世界各国许多学者的热捧，认为是较索洛增长速度方程更符合经济学原理的方法。出于大力推广 KLEMS 生产率的目的，成立了世界 KLEMS 组织。

世界 KLEMS 组织于 2010 年 8 月在哈佛大学第一次世界 KLEMS 会议上宣布成立，同时发起了世界 KLEMS 项目。组织委员会主要成员有哈佛大学的 Jorgenson 教授、格罗宁根大学的 Timmer 教授及世界大型企业联合会高级副总裁 Bart van Ark。

参与世界 KLEMS 组织的机构包括：世界大型企业联合会、OECD、联合国拉丁美洲和加勒比经济委员会等 3 个国际组织；澳大利亚、巴西、美国、意大利、加拿大、中国、阿根廷、墨西哥、智利、荷兰、瑞典等 11 个国家的统计机构；美国哈佛大学、日本庆应大学、荷兰格罗宁根大学、英国伯明翰商学院、中国的北京大学、清华大学、北京航空航天大学等 11 个国家共 18 所高校；美国经济分析局、印度国际经济关系研究委员会、韩国生产力中心、日本经济研究与分析所等经济分析机构。

世界 KLEMS 组织每两年召开一次会议，讨论生产率相关的经济问题。迄今已经召开过五次研讨会议，第五次会议于 2018 年 6 月初在哈佛大学召开，探讨各部门产出与综合投入数据的建立与应用取得的进展及生产率等经济问题。

6.6.2 KLEMS项目

6.6.2.1 世界 KLEMS 项目

世界 KLEMS 项目的建立旨在基于增长核算框架上，通过会议和研讨会推动和促进世界各国经济增长和生产率的分析，将生产率的测算纳入国民账户核算体系中，其核心是建立一个较详细的产业层次的产出、投入和生产率的数据库，通过统一概念、共同的标准和分类，使得数据在各国之间有可比性。

世界 KLEMS 网站上已公布的数据库是参与国家和经济体提供的产业层次上有关产出、投入和生产率相关的数据。在整合数据的过程中，统一了劳动、资本等投入指标的定义、价格的概念、汇总的方式及可比的投入指标和生产率的计算方法。网站中各经济体发布的数据都包括3个文件：生产率基本数据、分产业劳动投入数据、分产业不同资产的投资与存量数据。数据的时间跨度在国家之间存在差异，美国、俄罗斯2017年更新了部分数据。网站给出了部分国家统计机构的链接，各国在数据的搜集及整合上会与KLEMS数据库中所使用的标准方法存在差别。

6.6.2.2 欧盟KLEMS项目

欧盟KLEMS项目发起于2004年，由欧盟委员会研究总局资助。项目旨在为欧盟成员国建立一个行业水平上的生产率数据库，用于政策分析和政策制订。政策分析通过5种投入的贡献率，在生产率、价格、行业结构、科技创新、劳动力市场和劳动技能等领域进行研究，并与企业层次的微观数据库进行链接。理论研究由参与项目的各个学术机构及国家政策分析机构负责，参与者有格罗宁根增长与发展中心（GGDC）、英国国家经济社会研究所（NIESR）、法国国际信息和展望研究中心（CEPII）、英国经济与商业研究中心（CEBR）、荷兰经济政策分析局（CPB）、德国经济研究所（DIW）、联邦规划局（FPB）、法国图卢兹大学（ISAE）、瓦伦西亚经济研究所（IVIE）、赫尔辛基经济学院（HSE）、奥地利经济研究学院（WIFO）、维也纳国际经济研究所（WIIW）、阿姆斯特丹商业和经济研究所（AMBER）、世界大型企业联合会（TCB）、康斯坦茨应用科学大学（FK Konstanz）、伯明翰大学（UNI-BHAM）、佩莱尔沃经济研究所（PTT Helsink）。

欧盟KLEMS网站上公布的数据分为2个模块。一个是统计模块，提供了欧盟各国国民账户公布的官方数据。2017年的数据已扩充到欧盟各个国家及美国，多数国家的数据从1995年开始已更新到了2015年。产业数据采用ISIC第Ⅳ版的34个行业的数据，包括产出、投入及资本数据。产出、增加值、就业、固定资本形成总额、价格、资本存量数据与欧盟统计局的官方数据一致，资产类共有11个指标，包括计算设备、通信设备、软件运输设备、其他机械和设备、非住宅投资、耕种资产、研发、其他知识产权产品等。资本服务量的计算没有完全统一，近几年的劳动投入数据使用欧洲劳动力调查（LFS）以及收入结构调查（SES）中的微观数据。而增长核算部分的数据并不完整，有些国家尚未计算。另一个是分析模块数据。与统计模块不同的是，分析模块的资本投入数据集中将资本类型化为了 8 类，将耕种资产、研发、其他知识产权产品统一归为其他资产。

6.6.2.3 亚洲 KLEMS 项目

亚洲 KLEMS 组织是由参与欧盟 KLEMS 项目的 Hak K.Pyo、Kyoji Fukao 教授及 Tsutomu Miyagawa 教授于 2010 年正式发起，是一个旨在促进建立类似于欧盟 KLEMS 项目中的数据库，引导生产率在亚洲各国之间进行比较的区域联盟。

2011 年 7 月于东京召开了首次亚洲 KLEMS 会议，会议在亚洲 KLEMS 委员会的指导下，由日本经济产业研究所（RIETI）、一桥大学经济研究所（Hi-Stat）、亚洲开发银行研究所（ADBI）共同承办，以帮助亚洲 KLEMS 项目的构建。之后每两年都会召开一次研讨会议。

亚洲 KLEMS 委员会的顾问有哈佛大学的 Dale Jorgenson 教授、世界大型企业联合会及格罗宁根大学的 Bart van Ark 教授、亚洲开发银行的 Masahiro Kawai、首尔大学的 Hak K. Pyo 教授。委员会的成员来自越南、日本、印度、中国、新加坡、韩国、孟加拉等国家高等学校和相关机构，包括：越南商业大学的 Phan The Cong、印度德里大学的 Deb Kusum Das、台湾东吴大学的傅祖坛、日本一桥大学的 Kyoji Fukao、德里大学经济发展研究所的 Bishwanath Goldar、哈佛大学数量社会科学研究所的 Mun Ho、日本学习院大学的 Tsutomu Miyagawa、一桥大学的 Harry X. Wu、新加坡国立大学的 Vu Minh Khuong 等 11 名学者，世界大型企业联合会及格罗宁根大学的 Abdul Azeez Erumban、韩国生产率中心的 Keun Hee Rhee、中国国家统计局的许宪春、亚洲开发银行的 Guntur Sugiyarto 等 7 名经济研究机构人员。

亚洲 KLEMS 数据库的建立借鉴了欧盟 KLEMS 构建的方法，公布了韩国、日本、印度、中国台湾等经济体基于 ISIC 第三版本的行业分类的 32 个行业层面上产出、劳动服务及中间投入数据,以及各变量相应的物量指数与价格指数。数据的时间跨度多为 1980—2010 年,少数变量的数据可以追溯到 1980 年之前。

6.6.2.4　3 个项目的联系与区别

以上 3 个 KLEMS 项目旨在相互协同,共同构建跨国可比的数据库,以提供完整分析数据为经济政策提供技术支撑。

世界 KLEMS 项目为每个国家提供了一个产业层面上可比的关于经济增长,生产率、就业、资本形成的详细数据。世界 KLEMS 与亚洲 KLEMS 在数据库的构建上,借鉴了欧盟 KLEMS 数据库的概念、方法及产业分类标准。3 个数据库公布的数据对指标都采用统一编码。

3 个数据库的构建与增长核算数据、国民账户及投入产出分析方法息息相关,已公布的数据涵盖了各国产业层次的资本(K)劳动力(L)能源(E)原材料(M)服务(S)投入与产出,为分析各国经济增长,技术进步,生产率的比较奠定了基础,更为各国的政策评估与制定提供了重要的技术支持。随着增长核算方法的进步,生产率测算的水平也会进一步发展,3 个 KLEMS 组织致力于提出新的方法和知识以提高国际的数据的可比性,开发出更加灵活的数据库。这些数据库的建立得到了各界的支持,也代表着学术机构和经济政策研究机构之间的合作。

虽然世界 KLEMS 与亚洲 KLEMS 数据库在构建中参照了欧盟 KLEMS 对变量的定义、测算及行业分类标准,但各经济体的数据都是独立编制,由各自专门负责的工作小组提供,因此在数据更新的时间上存在差异,所参照的欧盟 KLEMS 数据库的标准也有所不同。例如,世界 KLEMS 数据库中已公布的俄罗斯的相关数据列出了 34 行业及 8 个汇总水平的数据,而韩国的数据则来自韩国生产率中心,提供了 72 个行业的投入和产出数据,而在美国最新公布的数据文件中则加入了联邦政府及企业等分类共 65 种,中国的数据则由自日本的经济产业研究所(RIEIT)提供,划分了 37 个行业。

相对世界 KLEMS 公布的数据,两个区域 KLEMS 组织所公布的数据看起来更为整齐也更适合区域内部比较。

6.7 世界银行生产率研究

世界银行公开数据库[①]中包含7000多个指标，涵盖了全球绝大多数经济体的数据，在其公开数据库中并没有与生产率相关的指标。但世界银行定期发布与生产率相关的出版物，这些出版物提供了劳动生产率、全要素生产率的数据，可以大致上分为两类。

第一类是对全球或某特定国家、地区的生产率水平的评价和预测的研究报告，如世界银行在2020年7月14日发布的《全球生产率：趋势、驱动力和政策》[②]。研究报告对全球主要经济体的生产率水平进行了测算，并提供了基于此报告的和生产率相关的数据库——全球生产率汇总数据库（Global Productivity Aggregate Database），该数据库提供了与生产率相关的4个指标1980—2018年的数据，分别是劳动生产率水平（Labor Productivity Level）、劳动生产率增长率（Labor Productivity Growth Rate）、对数差分的全要素生产率（Total Factor Productivity in Log Difference）及资本深化（Capital Deepening）。

第二类是与生产率相关的政策研究工作文件，这些文件为研究者学习掌握生产率的研究动态与测算方法提供了可靠的帮助，如2020年12月出版的《利用企业调查测量全要素生产率》[③]。这个工作文件介绍了利用柯布-道格拉斯生产函数和超越对数生产函数测定企业层面全要素生产率的方法。该工作文件的数据来源是世界银行企业调查数据库中"企业级TFP估计和因子比率"数据集，该数据集收集了134个发展中国家近16.8万家企业的数据，基本涵盖了国际标准产业分类代码中的所有行业，提供了企业层面的重要数据。

6.7.1 劳动生产率

在全球生产率汇总数据库中，为了确保数据随着时间的推移及国家/地区

[①] 世界银行数据库网址（https://data.worldbank.org/）。
[②] 报告网址（https://www.worldbank.org/en/research/publication/global-productivity）。
[③] 文件原题为 *Measuring Total Factor Productivity Using the Enterprise Surveys*，工作文件网址（https://elibrary.worldbank.org/doi/abs/10.1596/1813-9450-9491）。

的不同，都具有较大规模和可比性，劳动生产率通过"每名就业者创造的GDP"来衡量，其中的就业者既包括雇员也包括自主创业者，因为自主创业者在新兴市场经济国家非正规就业中占有很大的比例。尽管每个工人工时数等替代指标可能更好地衡量劳动力投入，但对新兴市场和发展中经济体的覆盖不足，对于拥有大量非正式部门的国家来说，就业和产出都可能出现相当大的测量误差。

表6-21列出了G20国家和主要小型发达经济体的劳动生产率水平，以2010年不变价美元计算。

通过比较可见，2018年劳动生产率排名领先的国家多为小型发达经济体，如挪威、卢森堡及瑞士的劳动生产率位居前3位。在G20国家中，澳大利亚的劳动生产率最高，其次是美国和法国。中国的劳动生产率虽然增长很快，但仍处于较低水平，高于印度和印度尼西亚，低于巴西，不足美国的1/10，这表明我国在劳动生产率上还有很大的提升空间。

表6-21 G20国家和主要小型发达经济体的劳动生产率水平　　　单位：美元/人

国家	劳动生产率（以2010年不变价美元计算）				
	2005	2008	2010	2015	2018
阿根廷	20639.25	22835.37	23068.05	23180.19	22246.91
澳大利亚	110269.66	111924.77	113610.37	121487.29	122956.41
比利时	105109.32	107271.05	107603.98	111618.82	112757.71
巴西	19602.64	21487.76	22512.81	22927.51	22756.87
加拿大	87292.31	93283.80	93279.74	98189.40	99827.42
中国	4768.27	6643.82	7985.88	11462.26	13885.29
丹麦	114481.88	112793.86	115498.57	121347.80	124615.53
法国	96474.02	98468.81	98531.78	101639.15	103924.20
德国	81519.91	84698.40	82878.19	86038.38	87895.86
印度	2570.04	3286.45	3777.92	4826.23	5737.05
印度尼西亚	5950.45	6515.94	6898.92	8611.99	9200.75

续表

国　家	劳动生产率（以 2010 年不变价美元计算）				
	2005	2008	2010	2015	2018
意大利	88449.70	87466.47	86252.23	84272.83	84596.21
日　本	86559.01	87094.88	87032.25	90435.83	89868.82
韩　国	39145.31	43283.56	45931.88	48468.00	51519.53
卢森堡	153414.23	151971.64	148137.48	151115.17	150054.08
墨西哥	24282.88	24403.18	22700.74	24133.05	24403.69
挪　威	173682.03	165551.69	165478.45	169432.11	172663.55
俄罗斯	18752.44	22290.61	21805.18	22838.47	23774.80
沙特阿拉伯	64827.24	64283.73	59786.63	59761.74	53010.18
新加坡	76418.48	72786.27	78638.96	82109.59	89050.87
南　非	23942.42	25366.43	27222.88	26589.73	26200.00
西班牙	68531.82	69185.16	72410.52	76564.17	77324.05
瑞　典	103780.73	106697.70	110129.69	114432.58	115586.34
瑞　士	126453.52	130308.97	130318.81	129533.49	133470.80
土耳其	33557.36	36234.61	35283.91	40847.37	43190.61
英　国	83712.80	85580.49	84686.03	87454.71	88800.14
美　国	100201.91	102151.21	106200.04	110952.70	113751.92

除了以不变价美元计算的劳动生产率之外，劳动生产率增长率也是一个重要指标。劳动生产率的增长是由创新、对物质资本及人力资源的投入推动的，它需要一个有利于增长的环境，并且有支持性的机构和稳定的宏观经济。随着时间的推移，一些驱动因素对生产率增长的影响发生了变化。跨境技术转让、生产复杂或精密出口产品的专业技术，以及人口因素的重要性都在增加。

表 6-22 列出了 2011—2018 年 G20 国家和主要小型发达经济体的劳动生产

率增长率数据。从国家上看，中国、新加坡、印度和印度尼西亚等亚洲国家的劳动生产率增长率普遍高于欧美国家。

表6-22 2011—2018年G20国家和主要小型发达经济体的劳动生产率增长率（%）

国家	年份							
	2011	2012	2013	2014	2015	2016	2017	2018
阿根廷	3.38	−3.07	1.54	−2.62	1.42	−3.23	1.42	−2.21
澳大利亚	1.05	2.58	1.13	1.65	0.35	1.09	0.08	0.04
比利时	0.32	0.30	0.79	1.14	1.13	0.23	0.57	0.22
巴西	2.47	0.51	1.42	−2.29	−0.21	−1.51	1.11	−0.33
加拿大	1.54	0.66	0.95	2.27	−0.24	0.04	1.03	0.59
中国	9.17	7.44	7.36	6.93	6.59	6.46	6.67	6.67
丹麦	1.38	0.94	0.95	0.74	0.95	1.72	0.37	0.58
法国	1.43	−0.03	0.39	0.42	0.90	0.38	1.18	0.67
德国	2.53	−0.74	−0.18	1.38	0.79	0.89	1.01	0.24
印度	5.21	4.25	4.68	5.28	5.68	6.87	5.05	5.88
印度尼西亚	4.99	5.19	3.99	3.56	4.96	1.13	2.44	3.13
意大利	0.40	−2.68	−0.06	−0.07	0.13	−0.06	0.54	−0.10
日本	0.06	1.93	1.42	0.21	0.79	−0.34	0.95	−1.22
韩国	1.90	0.48	0.38	0.96	1.69	2.03	1.85	1.90
卢森堡	−0.40	−2.71	1.79	1.69	1.69	1.52	−1.58	−0.61
墨西哥	3.01	−0.82	0.75	2.41	0.85	0.95	0.66	−0.49
挪威	−0.52	0.64	−0.05	0.74	1.56	0.89	1.22	−0.21
俄罗斯	2.94	2.70	2.02	0.49	−3.37	0.23	1.98	1.84
沙特阿拉伯	−2.19	2.04	−1.33	0.80	0.69	−4.03	−6.23	−1.43
新加坡	2.35	0.46	0.68	0.12	0.73	1.93	3.90	2.41
南非	1.21	−0.30	−0.55	−0.04	−2.63	0.15	−1.02	−0.60

续表

国家	年份							
	2011	2012	2013	2014	2015	2016	2017	2018
西班牙	1.92	1.11	1.22	0.39	0.98	0.46	0.33	0.20
瑞 典	0.90	-1.36	0.13	1.32	2.90	0.55	0.07	0.39
瑞 士	-0.83	-0.73	0.58	0.56	-0.18	0.33	0.87	1.81
土耳其	4.57	1.67	5.55	-0.04	3.20	0.98	3.74	0.93
英 国	1.02	0.39	0.96	0.24	0.62	0.45	0.90	0.19
美 国	0.60	0.54	0.90	0.92	1.44	0.11	0.83	1.56

6.7.2 全要素生产率

6.7.2.1 对数全要素生产率

《全球生产率：趋势、驱动力和政策》研究报告中运用的是索洛余值法，但进行了变形，建立起劳动生产率与资本深化和人力资本投入之间的关系式：

$$Y_t / L_t = A_t (K_t / L_t)^{1-\alpha} H_t^{\alpha},$$

式中，Y是产出，L是劳动投入，H是人力资本水平，K是资本投入，A是全要素生产率（TFP），α是劳动投入弹性。

人力资本水平（H）采用的是佩恩表[①]（Penn World Table，PWT）中的人力资本指数，该方法使用劳动年龄人口的平均受教育年限，并结合对全球教育收益的估计。

劳动投入弹性（α）是用每个国家劳动报酬与产出的比率来估计，这里的劳动报酬包括考虑到对自由职业者的混合收入和工资的调整（来自PWT 9.1），这项估计使用了一段时间内的固定劳动力份额，定义为来自PWT 9.1的劳动力份额数据的长期平均值（表6-23）。

---

① 佩恩表（Penn World Table）是联合国国际比较计划（ICP）委托宾夕法尼亚大学的国际比较中心编制的有关总量增长和发展的跨国分析比较数据集，目前的版本是10.0，由加州大学戴维斯分校的罗伯特·芬斯特拉和荷兰格罗宁根大学的马赛尔·蒂莫及Robert Inklaar共同维护。

假设一个规模收益不变的C-D生产函数，通过对数线性化，劳动生产率可以分解为以下变量的投入：

$$\Delta LP_t = (1-a)\Delta k_t + a\Delta h_t + \Delta a_t,$$

式中，

$$k_t = \ln\left(\frac{k_t}{L_t}\right),\ h_t = \ln(H_t),\ a_t = \ln(TFP),$$

这里的 Δa_t 便是对数线性化后的TFP增长率，是劳动生产率增长减去资本深化指数和人力资本指数的变化后的剩余增长，按它们各自在生产函数中的权重加权（$1-\alpha$ 和 α）。

表6-23 TFP增长率（%）

国家	年份							
	2011	2012	2013	2014	2015	2016	2017	2018
阿根廷	1.34	−4.49	−0.18	−3.97	0.73	−3.79	0.61	−3.65
澳大利亚	−0.23	1.27	0.31	0.88	0.34	1.46	0.21	0.31
比利时	0.07	−0.19	0.08	0.48	0.57	−0.25	0.18	−0.23
巴西	−0.70	−1.80	−0.82	−3.42	−3.65	−3.67	−0.19	−0.92
加拿大	1.43	0.24	0.77	1.87	−0.53	0.09	1.25	0.65
中国	3.54	2.20	2.49	2.54	2.55	2.68	3.13	3.26
丹麦	0.98	0.22	0.40	0.46	0.76	1.42	0.12	0.39
法国	0.72	−0.88	−0.45	−0.31	0.02	−0.38	0.46	0.01
德国	2.48	−0.72	−0.29	1.24	0.64	0.84	0.96	0.12
印度	1.71	1.06	2.23	3.11	3.54	4.40	2.67	2.98
印度尼西亚	2.97	2.83	2.29	2.01	2.65	1.13	1.66	1.98
意大利	−0.14	−3.28	−1.13	−0.39	−0.04	−0.02	0.38	−0.35
日本	−0.28	1.43	1.25	−0.48	0.41	−0.49	0.74	−0.96
韩国	0.34	−0.87	−0.60	−0.11	0.08	0.35	0.08	0.70

续表

国家	年份							
	2011	2012	2013	2014	2015	2016	2017	2018
卢森堡	−1.32	−4.11	0.31	0.44	1.13	0.96	−1.84	−0.01
墨西哥	1.30	−0.31	−0.74	0.98	0.48	0.47	0.05	−0.39
挪威	−0.42	0.79	−0.50	0.54	1.03	0.41	1.41	0.07
俄罗斯	2.47	2.33	0.85	0.31	−0.07	1.00	2.38	2.30
沙特阿拉伯	1.90	2.05	0.53	2.04	2.65	1.61	−0.37	3.20
新加坡	−0.01	−1.83	−1.55	−1.99	−2.20	−1.58	−0.24	0.73
南非	−0.47	−1.31	−1.41	−1.15	−2.91	−1.22	−1.37	−0.73
西班牙	−0.14	−1.28	−0.59	−0.18	0.95	0.33	0.14	−0.15
瑞典	0.90	−1.81	−0.18	1.11	2.39	0.31	−0.03	0.07
瑞士	−0.74	−1.03	0.26	0.39	−0.51	−0.12	0.18	1.18
土耳其	3.30	−0.83	2.39	−1.58	−0.11	−2.23	1.27	−2.19
英国	0.68	0.25	0.82	0.47	0.56	0.28	0.51	−0.04
美国	0.27	0.43	0.53	0.76	1.22	0.00	0.65	1.27

6.7.2.2 企业 TFP

《利用企业调查测量全要素生产率》工作文件通过基于收入的测算模型，对企业层面的 TFP 进行了测算。

在对 TFP 进行测算时，采用了 C-D 生产函数和超越对数函数两种方法，同时分别估计了利用总产出计算的 TFP（YKLM）及利用增加值计算的 TFP（VAKL）。之所以这样考虑的原因在于基于增加值的 TFP 可能面临希克斯中性的问题。

由于工作文件的数据均以企业为单位，受限于企业的规模差异和结算方式，只有货币形式的产出和投入能在企业层面数据中观察到，因此采用了基于收益

（Revenue）的全要素生产率（TFPR），这也是唯一可以使用企业调查数据进行估计的度量方法。在 TFPR 估计中，市场动态是不可分割的，TFPR 估计包含投入和基于收益的产出的清算价格，并且可以将生产率和市场力量结合起来。根据估计模型拟合的结果，超越对数生产函数无论是对于 TFPR（YKLM）还是 TFPR（VAKL）都能较好地契合数据，达到了比较好的效果。

确定了测算 TFPR 的方法后，总产出（Y）用企业上一财务年度总销售收入来衡量；劳动力成本（L）用企业上一财务年度年总劳动力成本（工资、薪水、奖金等）来衡量；资本投入（K）用机械、车辆、设备的重置成本来衡量；材料成本（M）用生产过程中投入的原材料和中间产品成本来衡量；增加值（VA）用总产出减去原材料和中间产品投入成本的差来衡量（即 Y-M）。

通常情况下，一个国家每 3~4 年进行一次企业调查，但不同国家由于政策和经济发展状况的差异，进行调查的时间也会有所不同。例如，中国仅在 2012 年进行过一次企业调查，而俄罗斯、南非则在多个年份上都进行过企业调查。因此，在进行数据比较时，选取了尽可能接近的年份以减少由于调查年份不同导致的结果差异。

由于收录的企业数量庞大，涉及众多发展中国家，碍于篇幅限制不能一一列出，因此选择了发展中国家里具有代表性的金砖国家（中国、俄罗斯、巴西、印度、南非），列出了这些国家重点行业年销售总额最高（如无数据则向下递补）的企业 TFPR 测算结果及相关基础数据（表 6–24），所有列出的数据均采用了对数化处理以便于计算。

重点行业的选择以国际标准产业分类（ISIC）3.1 版本[①]为基准，涵盖了化学品及化学制品的制造（行业代码 24）、办公室、会计和计算机械制造（行业代码 30）及汽车、挂车和半挂车的制造（行业代码 34）等关键领域。以中国为例，对于办公室、会计和计算机械制造行业，数据集中共收录了 135 家企业，

---

① 国际标准产业分类是世界上对经济活动进行分类的最成熟、最权威、最有影响力的国际标准之一，目前的最新版本为 4.0 版。

从中选择了年总销售额最大的企业（9.4亿美元）的相关数据（表6-24）。

表6-24 金砖国家重点行业TFPR及各投入要素数据（对数处理后）

国家	调查年份	行业代码	总产出	劳动力成本	资本投入	材料成本	增加值	TFPR（增加值）	TFPR（总产出）
中国	2012	24[①]	18.33	15.94	16.83	17.65	17.62	5.14	1.41
巴西	2009	24	20.06	17.78	18.88	19.57	19.11	4.65	0.92
印度	2014	24	18.47	14.70	14.56	18.06	17.38	5.35	1.01
俄罗斯	2012	24	18.56	17.21	14.30	18.19	17.38	3.44	0.61
南非	2007	24	19.67	17.55	16.52	18.24	19.39	5.22	1.54
中国	2012	30	18.76	15.50	16.52	16.30	18.67	7.02	7.81
巴西	2009	30	19.31	18.37	14.97	17.78	19.06	6.75	6.99
印度	2014	30	17.92	14.70	14.90	17.19	17.25	5.99	6.81
俄罗斯	2012	30	18.23	17.13	13.91	18.22	13.44	5.23	6.63
南非	2007	30	19.27	17.70	13.63	18.42	18.71	5.07	6.10
中国	2012	34	19.15	15.14	17.78	18.58	18.33	3.27	-2.43
巴西	2009	34	20.66	18.99	19.52	19.57	20.24	1.31	-2.82
印度	2014	34	17.58	14.36	14.26	16.67	17.07	3.47	-1.56
俄罗斯	2012	34	16.97	15.84	15.64	15.52	16.70	1.49	-2.16
南非	2007	34	19.34	17.73	17.88	18.67	18.63	1.21	-2.68

测算的结果显示，在计算机制造领域，中国的TFPR（VAKL）和TFPR（YKLM）均排在金砖国家首位，分别达到了7.02%和7.81%；在汽车制造领域，中国的TFPR（VAKL）排在金砖国家的第2位，达到了3.27%；在医药制造领域，中国的TFPR（VAKL）达到了5.14%，排在金砖国家的第3位，TFPR（YKLM）达到了1.54%，排在金砖国家的第2位。

---

① 数据集中行业34、35及行业23、24是合并计算的。

6.8 其他国家有关生产率研究

1949年10月，国际劳工组织在日内瓦召开了第七届劳动统计学国际会议，会后出版了《劳动生产率统计方法》报告，报告中论述了部分国家关于劳动生产率统计方法的研究。此后，由于全要素生产率研究的兴起，劳动生产率统计方法的研究被全要素生产率研究所取代，没有再出现更有意义的劳动生产率测算方法方面的研究成果。劳动生产率的测算也被纳入全要素生产率研究体系之中。

许多国家政府机构，如加拿大统计局、丹麦统计局、荷兰统计局和荷兰经济政策分析局（CPB）、瑞典统计局等都定期或不定期对本国生产率进行测算并对测算结果进行分析。

亚太地区的日本、韩国、澳大利亚等政府机构也都较重视生产率的测算与分析，如日本文部科学省（在科学技术厅与文部省合并前为科学技术厅）对本国生产率进行测算，不定期在《科学技术白皮书》中发布。

后　记

　　这个手册是水到渠成的产物。自21世纪初参加国家中长期科技规划战略研究工作起，经常要应对各级领导的询问，有时可以当场作答，有时则要写出汇报材料，有些要求简明扼要，有些则需要十分详尽。在研究工作中，要经常参加各种调研活动，并撰写各种形式的调研报告。为应对管理者的各种需求，对相关研究进行完善和改进，要不断学习、研究、测算，对不同方法和不同数据进行比对，并撰写研究报告。受邀参加高校专题讲座时，要写教案、举实例、解答学生各种各样的提问，要不断学习和检索各种文献。为满足不同领域测算的需求，要编写或繁或简的测算指南。最后，将这些汇报材料、调研报告、研究报告、教案讲义、编译文件、参考文献、测算指南等合在一起并加以整理，就形成了这个手册。

　　实事求是地讲，这个手册是在消化吸收国内外众多专家学者研究成果基础上，历经实践中遇到的各种难点和疑点问题，不断"折磨"后得到的一些学习体会。在这个过程中，我对全要素生产率的理解也发生了巨大变化，这使我深刻认识到认认真真消化吸收他人成果的重要意义。在此，向从事该领域研究的各位同仁表示衷心的感谢，尽管书中有些内容会对一些成果提出不同意见，但这丝毫不会淹灭我的敬意。当然也要向在这个过程中提供过实实在在帮助的同行朋友和我的学生们表达诚挚的感激之情。

　　我相信，如果读者想原原本本、认认真真学习一下怎么测算全要素生产率，这个手册一定能给您很好的帮助。

参考文献

[1] COBB C W, DOUGLAS P H. A theory of probaiction[J]. American economic review, 1928, 18 (Suppl): 139-165.

[2] TINBERGEN J. On the theory of trend movements[M]. Amsterdam: North Holland, 1959.

[3] 李京文, 钟学义. 中国生产率分析前沿[M]. 北京: 社会科学文献出版社, 2007.

[4] ROBERT S. Technical change and the aggregate production function[J]. Review of economics and statistics, 1957 (39): 312-320.

[5] JORGENSON D W, GRILLCHES Z. The explanation of productivity change[J]. Review of economic studies, 1967, 34 (3): 249-283.

[6] 乔根森, 戈洛普, 弗劳梅尼. 生产率与美国经济增长[M]. 李京文, 汪同三, 钱学义, 译. 北京: 经济科学出版社, 1989.

[7] FARRELL M J. The measurement of productive efficiency[J]. Journal of the royal statistical society, series A, 1957, 120: 253-290.

[8] AIGNER D, LOVELL C, SCHMIDT P. Formulation and estimation of stochastic frontier production function models[J]. Journal of econometrics, 1977, 6 (1): 21-37.

[9] Malmquist S. Index Numbers and Indifference Surfaces[J]. Trabajos de estatistica, 1953, 4 (3): 209-242.

[10] CHARNES A, COOPER W W, RHODES E. Measuring the efficiency of decision making units[J]. European journal of operational research, 1978, 3 (4): 338-339.

[11] CAVES D W, CHRISTENSEN L R, DIEWERT W E. Multilateral comparisons of output, input, and productivity using superlative index numbers[J]. The economic journal, 1982, 92 (365): 73-86.

[12] FARE R, GROSSKOPF S, NORRIS M, et al. Productivity growth, technical progress, and efficiency change in industrialized countries[J]. American economic review, 1994, 84 (1): 66-83.

[13] COELLI T J, RAO D S, BATTESE G E. An introduction to efficiency and productivity

analysis[M]. Norwell：Kluwer Academic Publishers，1998.

[14] SIMAR L，WILSON P W. Estimating and bootstrapping malmquist indices[J]. European journal of operational research，1999，115：459-471.

[15] DIEWERT W E. The early history of price index research eessay in index number theory[J]. Essays in Index number theory，1993（1）：33-71.

[16] SPENCER S，ROBERT E H. An approxmante divisia index of total factor productivity[J]. Econometrica，1976，44（2）：257-263.

[17] 史清琪，秦宝庭，陈警. 定量估算技术进步在经济增长中的作用[J]. 数量统计与管理，1984（4）：31-34.

[18] 史清琪，秦宝庭，陈警. 衡量经济增长中技术进步作用的主要指标初探[J]. 数量经济技术经济研究，1984，10：9-17.

[19] 王积业. 技术进步的评价理论与实践 [M]. 北京：科学技术文献出版社，1986.

[20] 陈时中，桑庚陶. 经济增长中的综合生产率问题[M]//王积业. 技术进步的评价理论与实践. 北京：科学技术文献出版社，1986.

[21] 埃朗，格尔得，索森. 工业企业生产率指标体系：实用分析[M]. 高宏德，译. 成都：四川科学技术出版社，1985.

[22] 乔根森. 生产率：经济增长的国际比较[M]. 李京文，译. 北京：中国发展出版社，2001.

[23] 乔根森. 生产率：战后美国经济增长[M]. 李京文，译. 北京：中国发展出版社，2001.

[24] 郑绍濂，胡祖光. 经济系统的经济效益度量的综合指标：全要素生产率的研究和探讨[J]. 系统工程理论与实践，1986（1）：33-39.

[25] 何振才. 综合技术水平度量的实用模型：技术进步定量分析研究[J]. 数量经济技术经济研究，1987（4）：34-38.

[26] CHEN K，WANG H C，ZHENG Y X，et al. Productivity change in Chinese industry：1953-1985[J]. Journal of comparative economics，1988，12（4）：570-591.

[27] 张军，施少华，陈诗一. 中国的工业改革与效率变化：方法、数据、文献和现有的结果[J]. 经济学（季刊），2003，3（1）：1-38.

[28] JEFFERSON G H，THONAS G R，ZHONG Y X. Growth：efficiency and convergency in China's state and collective industry[J]. Economic development and cultural change，1992，40（2）：239-266.

[29] WOO W，HAI W，JIN Y B，et al. How successful has Chinese enterprise reform been? pitfalls in opposite biases and focus[J]. Journal of comparative economics，1994，18（3）：410-437.

[30] 谢千里，罗斯基，郑玉歆. 改革以来中国工业生产率变动趋势的估计及其可靠性分析[J]. 经济研究，1995（12）：10-22.

[31] 李京文. 生产率与中国经济增长的研究（1953—1990年)[J]. 数量经济技术经济研究，1992（1）：66-70.

[32] 张军，施少华. 中国经济全要素生产率变动：1952—1998[J]. 世界经济文汇，2003（2）：17-24.

[33] 刘元春，朱戎. 中国工业制度体系变迁、市场结构与工业经济增长：计量与实证研究[J]. 经济学动态，2003（4）：9-12.

[34] 郑玉歆，张晓，张思奇. 技术效率、技术进步及其对生产率的贡献：沿海工业企业调查的初步分析[J]. 数量经济技术经济研究，1995（12）：10-22.

[35] 孔翔，MARKS R E，万广华. 国有企业全要素生产率变化及其决定因素：1990-1994[J]. 经济研究，1999（7）：40-48.

[36] 涂正革，肖耿. 中国的工业生产力革命：用随机前沿生产模型对中国大中型工业企业全要素生产率增长的分解及分析[J]. 经济研究，2005（3）：4-15.

[37] 杨青青，苏秦，尹琳琳. 我国服务业生产率及其影响因素分析：基于随机前沿生产函数的实证研究[J]. 数量经济技术经济研究，2009（12）：46-57.

[38] 何枫，陈荣，何炼成. SFA模型及其在我国技术效率测算中的应用[J]. 系统工程理论与实践，2004（5）：46-50.

[39] 傅晓霞，吴利学. 随机生产前沿方法的发展及其在中国的应用[J]. 南开经济研究，2006（2）：130-141.

[40] 傅晓霞，吴利学. 技术效率、资本深化与地区差异：基于随机前沿模型的中国地区收敛分析[J]. 经济研究，2006（10）：52-61.

[41] 孟令杰，顾焕章. 度量生产率变化的非参数方法[J]. 数量经济技术经济究，2001（2）：48-51.

[42] 宫俊涛，孙林岩，李刚. 中国制造业省际全要素生产率变动分析：基于非参数Malmquist指数方法[J]. 数量经济技术经济研究，2008（4）：97-130.

[43] 杨俊，邵汉华. 环境约束下的中国工业增长状况研究：基于Malmquist-Luenberger指数的实证分析[J]. 数量经济技术经济研究，2009（9）：64-78.

[44] 颜鹏飞，王兵. 技术效率、技术进步与生产率增长：基于DEA的实证分析[J]. 统计研究，2004（12）：55-65.

[45] 郑京海，胡鞍钢. 中国改革时期省际生产率增长变化的实证分析（1979—2001年)[J]. 经济学（季刊），2005，4（2）：263-296.

[46] 赵伟，马瑞永，何元庆. 全要素生产率变动的分解：基于Malmquist生产力指数的实证分析[J]. 统计研究，2005（7）：37-42.

[47] 郭庆旺，赵志耘，贾俊雪. 中国省份经济的全要素生产率分析[J]. 世界经济2005（5）：46-80.

[48] 章祥荪，贵斌威. 中国全要素生产率分析：Malmquist指数法评述与应用[J]. 数量经济技术经济研究，2008（6）：111-122.

[49] 聂鹏，李京晓. 我国经济持续增长的动力与质量研究：基于DEA-Malmquist的实证分析[J]. 中国物价，2013（2）：36-39.

[50] 邹至庄. 中国经济[M]. 天津：南开大学出版社，1984.

[51] 郭克莎. 1979—1988年经济增长的因素及效应分析[J]. 经济研究，1990（10）：11-19.

[52] 张军扩. "七五"期间经济效益的综合分析：各要素对经济增长贡献率测算[J]. 经济研究，1991（4）：8-17.

[53] 支道隆. 核算全要素生产率[J]. 统计研究, 1997（3）: 45-48.
[54] 沈坤荣. 1978—1997年中国经济增长因素的实证分析[J]. 经济科学, 1999（4）: 14-24.
[55] 郭庆旺, 贾俊雪. 中国全要素生产率的估算: 1979—2004[J]. 经济研究, 2005（6）: 51-60.
[56] 徐瑛, 陈秀山, 刘凤良. 中国技术进步贡献率的度量与分解[J]. 经济研究, 2006（8）: 93-102.
[57] 岳书敬, 刘朝明. 我国区域全要素生产率增长的随机前沿模型分析[C]// 第五届中国经济学年会, 厦门大学, 2005, 12: 10-11.
[58] 刘秉镰, 李清彬. 中国城市全要素生产率的动态实证分析: 1990—2006: 基于DEA模型的Malmquist指数方法[J]. 南开经济研究, 2009（3）: 139-152.
[59] 肖林兴. 中国全要素生产率的估计与分解: DEA-Malmquist方法适用性研究及应用[J]. 贵州财经学院学报, 2013（1）: 32-39.
[60] AIGNER D, LOVELL C, SCHMIDT P. Formulation and estimation of stochastic frontier production function models[J]. Journal of econometrics, 1977, 6（1）: 21-37.
[61] BATTESE G E, COELLI T J. Prediction of firm-level technical efficiencies with a generalized frontier production function and panel data[J]. Journal of econometrics, 1988, 38（3）: 387-399.
[62] CHUNG Y H H, FÄRE R, GROSSKOPF S. Productivity and undesirable outputs: a directional distance function approach[J]. Microeconomics, 1997, 51（3）: 229-240.
[63] OH D H. A global Malmquist-Luenberger productivity index[J]. Journal of productivity analysis, 2010, 34（3）: 183-197.
[64] OH D H, HESHMATI A. A sequential malmquist-luenberger productivity index[C]// Royal Institute of Technology, CESIS - Centre of Excellence for Science and Innovation Studies, 2009.
[65] OH D H. A metafrontier approach for measuring an environmentally sensitive productivity growth index[J]. Energy economics, 2010, 32（1）: 146-157.
[66] 贺菊煌. 我国资产的估算[J]. 数量经济技术经济研究, 1992（8）: 24-27.
[67] 王益煊, 吴优. 中国国有经济固定资本存量初步测算[J]. 统计研究, 2003（5）: 40-45.
[68] 黄勇峰, 任若恩, 刘晓生. 中国制造业资本存量永续盘存法估计[J]. 经济学（季刊）, 2002, 1（2）: 387-386.
[69] 孙琳琳, 任若恩. 资本投入测量综述[J]. 经济学（季刊）, 2005, 4（4）: 823-842.
[70] MADDISON A. Standardized estimates of fixed capital stock: a six country comparison[A]. R. RAVENNA Z I. Essays on Innovation, natural resources and the international economy[C]. Italy: Studio AGR, 1993.
[71] 张军, 吴桂英, 张吉鹏. 中国省际物质资本存量估算: 1952—2000[J]. 经济研究, 2004（10）: 35-44
[72] 白重恩, 谢长泰. 中国的资本回报率[J]. 比较, 2007（28）: 1-21.
[73] 单豪杰. 中国资本存量K的再估算: 1952~2006年[J]. 数量经济技术经济研究, 2008（10）: 17-31.

[74] 叶宗裕. 中国资本存量再估算：1952-2008[J]. 统计与信息论坛，2010（7）：36-41.
[75] CHOW G C. Capital formation and economic growth in China[J]. The quarterly journal of economics，1993，108（3）：809-842.
[76] 李治国，唐国兴. 资本形成路径与资本存量调整模型：基于中国转型时期的分析[J]. 经济研究，2003（2）：34-42.
[77] 何锦义，刘树梅，刘晓静. 当前技术进步贡献率测算中的几个问题[J]. 统计研究，2006（5）：29-35.
[78] 何枫，陈荣，何林. 我国资本存量的估算及其相关分析[J]. 经济学家，2003（5）：32-33.
[79] 叶宗裕. 中国省际资本存量估算[J]. 统计研究，2010，27（12）：65-71.
[80] TANG J，WANG W. Sources of aggregate labour productivity growth in Canada and the United States[J]. Canadian journal of economics，2004，37（2）：421-444.
[81] 张晓. 我国工业生产率问题的研究[J]. 数量经济技术经济研究，1993（8）：36-41.